KB110519

탈식민주의에 대한 성찰

푸코, 파농, 사이드, 바바, 스피박

차례
Contents

식민 – 탈식민, 신식민

식민주의

그들은 왜 왔을까? 우리는 아무런 문제없이 평화롭게 잘 살고 있었는데, 왜 왔던 것일까? 그들은 총과 칼을 들고 다른 나라 땅을 침략하여, 그곳의 자원과 인력을 약탈하고, 사람들을 종속시키고, 그리하여 막대한 이득을 챙겼다. 그런 다음 자국의 언어를 강요하고, 법과 제도를 만들어 시행하고, 일방적으로 불평등 협정을 맺도록 했다. 자신들의 전쟁에 식민지 남성을 전쟁터와 작업장으로 보냈고, 여성을 성적 노예로 삼았다. 우리는 잘 살고 있었는데.

시간이 흘렀어도 달라진 것은 별로 없다. 침략은 정당한

‘문명화’ 작업이었고, 약탈은 정당한 ‘근대화’ 작업이었다고 주장하며 역사를 왜곡한다. 이해할 수 없다. 그래서 더욱 화가 난다. 이렇듯 식민주의는 열등감과 불평등 및 역사의 왜곡을 낳으며, 우리뿐만 아니라 전 세계에 큰 비극을 초래했다. 이런 식민주의를 비판적 시선으로 읽어내려는 ‘대응담론’이 바로 탈식민주의이다.

지구상의 많은 식민지들이 외형적으로 독립을 이룬 후 과연 식민주의는 역사의 뒤안길로 사라졌나. 아니다. 현재 상황은 그리 낙관적이지 않다. 영어와 다국적 기업의 자본의 힘 그리고 미국의 군사력과 외교력에 의해 지배를 받지 않는 나라가 거의 없을 정도이다. 그래서 탈식민주의는 식민주의 유산의 거부와 지속이라는 두 속성을 내포한 것으로 보아야 한다. 왜 식민주의자들은 왔던 것일까? 또 왜 그들은 계속 오고 있는 것일까? 우리는 이렇게 잘 살고 있는데. 탈식민주의는 이런 물음에 천착하며 답을 찾는 학문적 담론인 동시에 평등과 정의 실현을 지향하는 실천적 담론이다.

식민植民이란 지배국이 식민지에 자국민을 옮겨 심는다는 뜻이다. 식민주의란 힘이 센 나라가 무력으로 자신보다 약한 나라의 땅을 침략하여 정복하고, 그곳의 물적·인적 자원을 약탈하며, 자국민을 이주시켜 지배하고 통치하는 행위 및 이념을 일컫는다. 다름 아닌 약육강식을 근간으로 삼는 차별적 이데올로기이다. 식민주의는 자국민에게 승리의 영광을 가져다주지만, 식민지인들에게는 패배의 굴욕을 안겨준다.

식민화는 정치적 주권을 상실하고, 경제적 수탈과 착취를 당하며, 언어와 문화와 전통을 상실하는 일련의 굴욕적 과정을 의미한다. '카리브 해'는 단지 지도상의 공간이 아닌, 서구의 경제적 약탈이 만든 값싼 인력들의 집합장소인 '노예의 섬'을 의미한다. 우리에게도 식민주의란 추상적 관념이 아니라 구체적인 역사적 경험이다. 개개인에게 쓰라린 상처요, 기억이며, 집단적인 상흔이다.

식민지를 사람의 몸에 비유한다면, 식민지배는 강간에 해당된다. 몸은 식민지에 대한 은유이다. '남성적 파워'를 지닌 일본이 '여성적 피식민국' 조선을 '강간'한 것이다. 한 나라가 식민지배를 당하면, 그 나라의 땅과 자원은 유린당하고 언어와 전통과 문화는 파괴된다. 예를 들면, 노예제도하에서 흑인노예의 몸은 소유물로 전락되어 강간을 당하고, 침묵을 강요받으며, 산 채로 죽어갔다. 백인노예주들은 노예들의 노동력을 필요로만 했었지 인간으로 취급하지 않았다. 노예를 재산 증식용 '번식을 위한 몸(breeder)'으로만 인식했을 뿐이다. 우리의 경우를 보더라도 일제의 강제징용이 있었고, 종군 위안부들이 일본군의 성노예로서 조직적으로 동원되었다.

식민주의가 초래한 심각한 폐해를 고려해볼 때, "일제의 조선 식민지배는 축복이었다"와 "일제의 식민지배는 조선을 근대화시켰다"는 한승조의 궤변은 받아들이기 어렵다. 이런 발언은 일본의 우익세력이 내세우는 식민사관과 맥을 같이한다. 위안부란 "전쟁에서 마음을 달래줘 자긍심을 가질 수 있는 직업이었다"라는 망언을 한 나카야마 나리아키 일본 문무 과학 상은 일본 우파 지식인의 의식구조를 잘 드러낸다. 이런 역사 인식은 과거사 왜곡과 반성의 부재를 단적으로 보여준다.

대응담론으로서 조선은 근대화를 위한 내적 역량을 충분히 갖추고 있었다는 '내재론적 발전론'이 타당성을 지닐 수도 있 겠지만, 민족주의적 정서를 강하게 반영한다는 문제점을 지닌 다. 이태진은 "조선은 무능해 식민지가 됐다"는 견해를 정면 으로 반박하는 대표적인 학자이다. 중요한 점은, 일본과 한국 이 모두 자민족 중심주의의 덫에 빠지지 않고, 사실에 근거한 설득력 있는 시각을 제시해야 한다는 것이다.

식민지배가 불평등과 야만성을 집약적으로 보여준다면, 탈 식민주의는 식민지배에 맞선 저항의 몸짓이다. 식민지배자는 자신의 우월성을 확인시켜줄 거울, 즉 타자(식민지인들을 포함) 를 필요로 한다. 일본인은 조선인을 타자로 설정했다. 식민지 배자는 타자화 작업을 통해 자신들의 우월성을 확인하고, 결 속을 다지며, 타자의 지배를 정당화한다. 타자는 다름 아닌 희 생자들, 유색인들, 식민지인들이다.

어떤 동일한 사안을 바라봄에 있어서 종주국과 식민국이 드 러내는 인식과 입장의 차이는 분명하다. 예를 들어 3·1 독립 만세 운동은 일본 측에서 보면 반역, 체제전복, 아나키anarchy (극도의 무질서)이지만, 우리 측에서 보면 민중봉기이다. 한국판 잔 다르크인 유관순은 일본의 입장에서 보면 위험한 선동가이 나, 우리의 입장에서 보면 의로운 열사이다. 안중근은 일본 측에서 보면 테러리스트이지만, 한국 측에서 보면 독립투사 혹은 해방주의자이다. 종주국은 법질서를 전복시키는 사람을 처형함으로써, 공포감을 조성하여 지배권력을 더욱 강화하려 하는 반면, 식민국은 지배권력을 조롱하고 전복시키려 한다.

탈식민주의

탈식민주의란 억압과 착취를 낳는 지배 이데올로기를 해체 혹은 전복시키는 것을 목적으로 삼는다. 이를 위해 식민화를 지지하는 인종차별의 부당성을 알리고 지배권력의 횡포에 제동을 걸어 종주국과 식민국 사이에 발생하는 여러 형태의 불평등을 해소하고자 한다. 그런데 '포스트식민주의'라는 사전적 의미를 가지고 있는 Postcolonialism이라는 단어는 우리말로 번역하기가 쉽지 않다. 제국주의가 끝난 것인지 계속되는 것인지에 관해 이견이 있기 때문이다. 실제로 이 용어는 탈식민주의, 포스트식민주의, 후기식민주의, 신식민주의 등 다양한 용어들로 번역되어 사용된다. 그래서 혹자는 '포스트콜로니얼리즘'이라 부르길 선호한다.

주지하다시피 탈식민주의의 '탈(post)'이란 접두어는 '~이후에 오는(coming after)' 것이란 시간적 의미와 함께 '~를 넘어서는(going beyond)' 극복이란 의미를 동시에 지닌다. 전자의 경우에는 식민주의 유산의 지속성을, 후자의 경우에는 식민주의 유산에서 벗어남을 각각 강조한다. 전자의 경우에는 신식민주의, 후자의 경우에는 탈식민주의로 서로 다르게 번역된다.

혹자는 아예 이런 구분을 피하고 식민주의 유산의 지속과 청산이란 동시 진행적 과정을 염두에 두고 '포스트 식민주의'란 용어사용을 선호한다. '탈'식민주의로 표시할 경우, 식민주의 유산을 완전히 청산하지 못했다는 문제의식이 깔려 있다. 사실 오늘날 많은 이전 식민국들이 정치·경제·문화 영역에서 여전히 식민주의 영향권 내에 놓여 있다. 필자는 용어 사용의 혼란을 피하고 우리에게 친숙한 '탈식민주의'란 용어를 사용하고자 한다. 그러면서도 '탈식민주의'란 용어의 양가적 속성인 지속과 청산을 염두에 두고 논의를 전개하고자 한다.

'탈'이란 접두어는 예속상태에서 벗어남, 즉 주권수립과 해방, 그리고 한결음 더 나아가 의식의 탈식민화를 의미한다. 해방, 광복, 독립이란 단어는 억압, 어둠, 예속의 상태에서 벗어남을 의미한다. 그런데 이런 외형적 독립과 국가건설만으로 식민상태에서 완전히 벗어났다고 말할 수는 없다. 눈에 보이지 않는 교묘한 형태로 신식민주의가 여전히 작동하기 때문이다. 다국적 자본주의는 더 이상 국가(경계선)를 필요로 하지 않는다. 자본주의 체제하에서는 오직 하나의 국가(예를 들면 미국이란 거대 자본국가)만이 존재하고, 다른 모든 자본주의 국가들은 미국의 지배를 받아들이는 구조로 되어 있다.

식민지(인) 입장에서 지배권력에 맞선 저항은 중요한 전략이다. 식민지배자는 식민지인의 욕망과 저항을 위험한 것으로 보고 이를 항상 통제하고 억압하고 단죄하려 한다. 질 들뢰즈의 용어를 빌리자면, 이것은 일종의 '코드화' 혹은 '영토화'이다. 들뢰즈에게는 지배권력에서 벗어나려는 개개인의 욕망 특유의 분열적인 흐름을 '탈코드화' 혹은 '탈영토화'하는 것이 중요하다. 이런 탈주(선 긋기)의 흐름을 억압하고 통제하는 메커니즘을 '재코드화' 혹은 '재영토화'라 부른다. 예를 들면, 파시즘과 자본주의는 개개인의 욕망을 억압하는 기제로 작동한다. 탈주욕망의 지속적 생성(과정)이 창조적이며 전복적인 삶을 지속시키는 자양분이 된다.

들뢰즈의 이런 개념들을 식민주의와 제국주의에 맞선 저항을 설명하는 데 적용할 수 있다. 한국인의 탈주욕망과 역동성은 3·1 만세운동, 독재타도 데모, 민주화 항쟁, 월드컵 길거리 응원문화, 촛불시위 등을 통해서 이미 표출된 바 있다. 이런 저항, 탈주, 역동성은 지배권력을 겁주기에 충분한 것이다. 영어 제국주의와 초국적 자본주의가 지배하는 세계화시대에 어떻게 저항할 것인가에 대한 진지한 고민이 필요하다.

제국주의와 식민주의

'제국주의(Imperialism)'는 식민주의보다 상위 개념이다. '식민주의(Colonialism)'란 하나의 민족 집단이 새로운 지역(식민지)에 정착하는 데 관심을 둔다. 제국주의는 힘이 센 나라가 약한 나라를 지배하는 체제 및 욕망을 아우르는 말이다. 영토 확장 및 이권 챙기기가 제국주의의 주된 목적이다. 피터 차일즈와

9

패트릭 윌리엄스가 주장하듯, 제국주의는 "한 나라가 다른 나라를 경제적·군사적 면에서 합법적으로 통치하는 것을 지지하는 이데올로기적 개념"이다.(『탈식민주의 길잡이』, p.22) 두 개념 사이의 큰 차이는 제국주의가 정착과 식민의 문제에 관심을 두지 않고, "정치적·법적·군사적 통치의 보호하에 이루어지는 무역과 상업의 확장과 팽창"으로 정의된다는 것이다.(같은 책, p.23) 흥미로운 점은, 제국주의가 자본주의와 협력적 관계를 유지한다는 사실이다. 데니스 저드Denis Judd는 "이득을 챙기는 상업, 약탈과 부의 축적에 대한 욕망이 제국의 구조를 확립하는 데 주된 힘이었다는 사실을 부인할 수 없다"(같은 책, pp.21-22)고 주장한다. 돈, 권력, 식민지 장악 욕망과 실행이 인류의 양심을 더럽혔다.

　　서양의 식민지배를 가능케 한 여러 요인들 중 기술(과학)의 진보와 우위를 무시할 수 없다. 15세기 말 이후에 유럽이 주요 해상로를 확보하고 세계지배를 할 수 있었던 동인은 무엇이었을까. 15세기 범선 카라벨Caravel호의 개발 덕택에 서양 역사의 중심무대는 지중해에서 대서양으로 옮겨갈 수 있었다. 17세기에는 이동이 용이하고 무게가 가벼운 대포(regementstyken)가 개발되었다. 바람을 이용하는 범선과 이동용 대포의 결합으로 본격적인 식민지 확보가 가능해졌다.

　　흔히 본격적인 제국주의 형성기를 19세기 후반으로 보는 이유는, 기술의 발전에 의한 세계정복이 가능했기 때문이다. 1876년까지만 해도 아프리카 대륙의 10%만이 서양의 지배를 받고 있었다. 제국주의가 본격화된 원인을 유럽에서 먼 곳과 접근이 어려운 곳에 근접할 수 있는 기술력의 발전에서 찾을 수 있다. 바다에서 내륙의 수로를 따라 들어갈 수 있는 주조(casted iron)방식에 의한 철함의 도입, 말라리아 예방약 키니네의 발명, 기관총과 증기선 발명, 수에즈 운하의 개통과 철도부설 등이 바로 제국주의 확장을 가능케 했다.

제국주의자들이 내세우는 거창한 수사학은 추한 속셈을 감춘다. 베트남 전쟁과 이라크 전쟁을 예로 들어보자. 황석영은 『무기의 그늘』에서 베트남 전쟁을 경제적인 동인에 의해 촉발되고 진행된 제국주의 전쟁으로 파악한다. 제목이 암시하듯, 이 소설은 암시장에서 벌어지는 군수물자의 거래를 조명하면서 베트남 전쟁의 제국주의 성격을 고발한다. 이런 시각은 미국이 공산화 위기를 맞은 베트남에서 민주주의를 수호하기 위해 숭고한 희생을 치렀다는 '공식적' 시각과는 다르다.

미국은 14만 명의 군대로 이라크를 불법으로 침공하여 전쟁을 일으켰다. 미국은 이라크인들을 압제에서 해방시키는 '고귀한' 임무를 수행하고 있다고 주장하지만, 진짜 속셈은 석유자원과 중동에서의 패권을 확보하는 데 있다. 이제 주권국가였던 이라크가 속국이 되었다. 미국의 오만과 위선 및 국익추구 욕망을 확인할 수 있다.

제국의 일방적인 행위와 횡포에 맞설 수 있는 방안의 모색도 절실하다. 안토니오 네그리와 마이클 하트는 『제국*Empire*』(2000)이란 저서에서 제국의 힘(눈에 보이지 않는 다국적 자본의

11

힘, 국경선을 넘나드는 거대한 힘, 초국적 네트워크, 예를 들면 국제통화기금인 IMF)에 맞설 수 있는 방안으로 '다중多衆(multitude)'의 '자율적 저항운동(아우또노미아Autonomia)'을 제시한다. 1999년 시애틀에서 열린 반WTO 시위에는 전 세계에서 6만여 명이 모였고, 다중의 역할이 희망적이고 고무적이었음을 확인시켜주었다. 하지만 '자율성에 기초한 저항운동이 얼마나 효과적일까'라는 의문이 남는다.

예를 들면 사미르 아민Samir Amin은 하트와 네그리의 '제국과 다중'론을 "미국식 자유주의에 순종하는 패배담론"으로 본다.(www.pressian.com, 2005.12.26, 이주명) 이에 대해 두 가지 중요한 비판의 근거를 알아보자. 첫째, '제국'을 국경 없이 작용하는 보이지 않는 힘에 의한 세계지배로 보고(이럴 경우 미국은 식민주의 제국을 구축하려는 열망을 가져본 적이 없다는 것이 된다), 국경의 확장을 의미하는 '제국주의'와 구분하는 것은 잘못된 가정이라고 비판한다. 둘째, 제국(주의)에 맞서 민주적·대중적·국가적 블록을 형성해야 하는데, 이것은 나라마다 다른 구체적 여건 속에서 이루어져야 하는데도 막연한 '다중'의 형태로 존재한다고 생각하는 것은 잘못된 가정이라고 비판한다.

콘라드의 제국주의 비판

콘라드Joseph Conrad(1857~1924)의 소설 『암흑의 핵심Heart of Darkness』(1899)은 유럽 제국주의에 대한 비판서로 통한다. 콘

라드는 1857년 러시아 제국령 폴란드(현재의 우크라이나)에서 출생했다. 그의 부친은 낭만적 성향의 애국지사였다. 콘라드는 러시아 정치범의 자손이었기에 자국에 계속 남아 있게 될 경우, 러시아 군대에 사병으로 복무를 해야 한다는 압박감에 시달려 영국으로 망명했다. 그는 러시아가 자신의 조국을 제국의 일부로 합병시킨 행위를 몹시 증오했으며, 이런 증오심은 유럽 제국주의 정책 전반에 대한 비판으로 이어졌다.

『암흑의 핵심』이란 제목은 아프리카의 심장부, 즉 오지인 콩고를 지칭하는 동시에 인간의 타락한 마음, 즉 심장부를 상징하기도 한다. 이 작품은 문명사회의 법질서 밖인 오지에서 문명인이 얼마나 쉽사리 야만인으로 타락할 수 있는지를 형상화하였다.

1883년 벨기에 국왕 레오폴드 2세는 콩고의 경제적 중요성에 주목하여 개인 소유의 영유권을 주장했으며, 콩고강에서 자유교역을 허용한다는 뜻에서 'Congo Free State'를 선언했다. 실제로 그는 반역자들의 손과 귀를 자르는 엽기행각을 벌였다. 이 작품에 등장하는 커츠Kurtz는 탐욕스런 상아 채집가로, "모든 야만인들을 말살하라"고 주장할 정도로 인종차별주의자이며 악의 화신이다. 한 유럽인 제국주의자의 타락을 통해서 콘라드는 유럽인들이 내세웠던 '문명화 사명'이 거짓말이라는 점을 여실히 보여준다. 커츠는 임종시 "무서워라! 무서워라!"라는 말을 내뱉는데, 이것은 변질된 이상에 대한 고해성사이다. 하지만 한 인간이 겪는 영혼의 타락에 초점을 맞추다

보면 '서구가 아프리카에서 저지른 야만적 만행'이라는 구체적인 역사적 사실을 소홀히 하기 쉽다.

제국주의자 커츠란 인물의 면면을 좀 더 고찰해보자. 그는 브뤼셀에 본부를 둔 회사에서 아프리카 오지에 파견된 상아 채집가이다. 가난했던 그는 돈벌이를 위해 오지 근무를 선택하지만, 금의환향을 하지 못하고 그곳에서 외로이 죽는다. 소설 속 영국인 화자인 말로Marlow 선장은 그를 구조하기 위해서 오지만, 커츠의 임종을 지켜보게 된다. 말로 선장도 브뤼셀에 본부를 둔 회사에 고용된 사람이다. 커츠와 말로, 이 두 사람은 상업적 이윤을 추구하는 한 유럽회사에 고용되었으며 유럽인이라는 동질감을 공유한다. 상업적 이윤 추구는 제국주의 실행의 한 속성이다.

왜 유럽인들은 상아채집에 그토록 혈안이 된 것일까. 상아는 코끼리를 죽여야 얻을 수 있는 엄니(tusk)이다. 동물 도살을 전제로 한 이윤추구는 양심을 더럽히는 짓이다. 문명세계로 운반된 상아는 도장 및 장식 조각품을 만들기 위한 재료에 불과하다. 상업적 이윤을 위해서라면 얼마든지 코끼리를 죽일 수 있고, 상아 채집량을 늘리기 위해서 원주민 노예들을 상아와 맞바꾸는 백인들은 결코 도덕적으로 우월하지 않다. 그런데도 아프리카 원주민을 '식인종'으로 일방적으로 규정하고, 약탈자인 자신들을 '문명전파의 사도'로 과대 포장한다.

콘라드가 제국주의를 비판했음에도 제국주의 이념의 옹호자로, 인종차별주의자로 비판을 받는 이유는 뭘까. 콘라드가 유럽인의 시각에서 아프리카(인)를 본다는 주장은 과연 정당한 것일까. 영국인 화자인 말로와 작가 콘라드 사이에 비판적 거리의 유무가 콘라드에 대한 서로 다른 평가를 낳는다고 생각한다. 아래 인용구에서 영국인 화자인 말로 선장이 세계의 정복 행위, 즉 제국주의에 대해서 하는 말을 들어보자.

이 세계의 정복이라 하는 것이 대부분 우리들과는 피부색이 다르고 우리보다 코가 약간 낮은 사람들을 상대로 자행하는 약탈 행위가 아닌가. 그러므로 그 행위를 곰곰이 들여다보면 아름다운 것이 못 된다고. 이 불미스러운 행위를 대속代贖해주는 것은 제국주의 이념밖에 없어요. 그 행위의 이면에 숨은 이념이지. 감상적인 구실이 아니라 이념이라야 해. 그리고 그 이념에 대한 사심 없는 믿음이 있어야지. 이 이념이야말로 우리가 설정해놓고, 절을 하며 제물祭物을 바칠 수 있는 무엇이거든⋯⋯. (『암흑의 핵심』, 이상옥 옮김, pp.15-16)

말로 선장은 야만적인 정복과 약탈 행위를 단지 '아름답지 못한 것' '불미스러운 것'으로 간주하는데, 이런 언급은 그의 의식구조에 적지 않은 문제가 있음을 드러낸다. 기껏해야 그는 자신과 원주민들이 '먼 친족(remote kinship)' 관계에 있다고 생각하고, 이들을 식인종이 아닌 일정한 자제력을 갖고 있는 '고귀한 야만인(noble savages)'으로 생각한다. 얼핏 보면 원주민에 대한 찬사처럼 들릴지 모르지만, 사실은 자신과 원주민 사이에 완전한 결속력과 일체감을 형성할 수 없다는 거리감을 확인시켜줄 뿐이다. 그는 '우리(백인들)'와 '그들(원주민들)'을 분명하게 구분하고 있다.

또한 말로 선장은 제국주의의 타락상을 목격하고 비판하는 동시에, 문명화 사명이라는 이상적인 가치를 추구한다. 그는 도덕적 우월감을 지니고 제국주의 이념에 충실한 제국건설의 일꾼이다. 영국식 제국주의 이념에 젖어 있는 그가 타락한 제국주의자 커츠를 제국주의 이념에 충실했던 영웅으로 미화시키는 것은 놀라운 일이 아니다. 말로는 자기기만에 빠져 있다.

필자는 콘라드를 유럽 제국주의 절정기에 제국주의를 용기있게 비판했던 작가로 본다. 그런데 독자는 화자와 작가 사이에 존재하는 정교한 비판적 거리를 쉽게 감지하기 어렵기 때문에, 그를 일컬어 '철두철미한 인종차별주의자'이며 서구인의 눈으로 아프리카(인)를 바라보는 작가"라 비판하기도 한다.

나이폴의 (신)제국주의 비판

나이폴V.S. Naipaul(1932~)은 2001년 노벨문학상을 받았다. 그의 소설 『강굽이』A Bend in the River』(1979, 국내에서 『거인의 도시』로 번역·소개됨) 또한 아프리카 콩고를 공간적 배경으로 삼고 있어, 콘라드의 『암흑의 핵심』의 후속편이라 할 만하다. 다만 『강굽이』에서는 탈식민시대를 시간적 배경으로, 과거 식민지배자들이 철수한 후 신식민지배자들이 아프리카의 독재자와 공모·결탁하면서 이윤을 추구하는 상황이 벌어진다. 나이폴은 독재정부와 협력적 관계를 유지하는 백인들을 '기생충' 및 '썩은 제국주의자'로 비판한다.

이렇듯 나이폴은 제국주의자들의 약탈과 돈벌이와 기회주의에 비판의 칼날을 들이댄다. 이 작품에서도 벨기에 출신의 휴이즈만 신부가 운영하는 고등학교의 교훈은 '항상 뭔가 새로운 것(Semper Aliquid Novi)'이다. 이 교훈은 유럽인들이 아프리카를 '정복과 약탈의 대상'으로 인식하고 있음을 보여준다. 비슷한 예로 콜럼부스가 1492년에 발견한 아메리카를 '신대륙'이라 명명한 것도 유럽인의 중심의식을 잘 반영한다. 콜럼부스는 이미 존재하는 땅과 원주민의 존재와 오랜 역사를 부정하고, 유럽(인)의 시각과 기준을 일방적으로 설정했다.

『강굽이』에 등장하는 주인공 쌀림Salim은 식민주의가 속임수라는 점을 잘 인식하고 있다. 그는 해적질이 영웅담으로 둔갑하는 현실을 다음처럼 개탄한다.

유럽인들은 어떤 일을 해놓고는 전혀 딴소리를 할 줄 아는 자들이었다. 그럴 수 있었던 것은 그들이 자기네 문명의 혜택을 잘 알기 때문이었다. 이 점에서 그들은 우리보다 훨씬 유리했다. 다른 사람들과 마찬가지로 황금과 노예를 위해 좋은 일을 한 사람으로서 자신들의 동상이 세워지기를 바랐다. 똑똑하고 활력이 넘치는 사람들인데다 한창때에

달해 있었으므로, 그들은 자기네 문명의 두 측면을 모두 표현할 수 있었다. 그리하여 노예와 동상 둘 다를 얻어냈다.

(『거인의 도시 *A Bend in the River*』, 김영희 옮김, p.25)

백인 식민지배자들은 자신들의 시각에서 일방적으로 지식을 만들어 유포시키고 역사를 기록한다. 지식이 보편적 진리로 둔갑하여 권력을 행사한다. 식민주의자들은 노예거래를 은폐하기 위해서 자신들의 공적을 미화하는 기념비를 세우는 위선자들이다. 문명비평가 발터 벤야민은 이런 행위를 '기념비의 정치학(politics of monument)'이라고 부른다. "문명의 기록이란 곧 야만의 기록"이라는 그의 비판은 시사하는 바가 크다.

노예제도하에서 흑인노예들은 백인노예주를 기독교인의 탈을 쓴 악마나 인간 괴물로 인식했다. 흑인들을 혼란스럽게 만든 것은 백인들의 이중성, 즉 위선이었다. 백인들은 기독교의 가르침을 전하면서도 흑인들에게 억압과 고통을 가했다. 흑인들은 "과연 정의로운 신이 이 세상을 다스리는가"를 자문하게 되었다. 기독교 정신과 노예제도의 폭력성은 모순되는 것이었으나 서로 긴밀하게 연결되어 있었다.

탈식민주의 시대에는 특권과 권위를 누려오던 유럽인들이 더 이상 안전하지 못한 상황에 처한다. 예를 들면, 벨기에 신부는 잔인하게 목이 잘린 채 발견된다. 그는 원주민들이 지닌 적대감의 표적이 된 것이다. 독재자의 철권정치 하에 놓인 자국민들도 안전하지 못한 것은 마찬가지다. 아프리카의 새 대통령(자이레의 모부투 대통령을 실제 모델로 삼음)은 외국 용병에 의존하여 반군을 탄압하고, 개인 소유의 재산을 몰수하면서 악의 화신이 된다.

백인 식민지배자들이 철수한 공백을 채우는 것이 아프리카의 독재자라는 점이 아이러니하다. 과거 식민상황이 독재상황으로 치환되었을 뿐이다. 민중들에게 변한 것은 없다. 나이폴의 아프리카에 대한 비관적 인식을 엿볼 수 있다. 물론 콘라드와 나이폴이 영국에 귀화한 친영국적인 작가들이기에 이들의 시각에 기대어 (신)제국주의를 비판하는 것이 저항적 탈식민주의의 측면을 등한시하는 문제를 낳는다.

식민주의와 한국

일제의 조선 지배권 획득은 1905년 가쓰라-태프트 밀약으로 이루어졌다. 밀약의 핵심 내용은 일본이 미국의 필리핀 독점 지배를 인정하는 대신 미국이 일본에게 조선의 지배권을 보장한다는 것이었다. 약소국들을 나누어 갖기 위한 공모가 이루어졌다. 주권국가가 속국이 되는 것은 굴욕이고 비극이다.

식민주의는 대규모 이산을 낳았다. 이산(혹은 디아스포라 Diaspora)은 자발적 선택 혹은 강요에 의해 민족의 인구가 대규모로 분산된 상태를 의미한다. 유대인의 이산이 대표적인 예이다. 노예거래도 대규모 이산을 야기했다. 백인들은 좁은 노예선에 아프리카 노예들을 가득 싣고 노동력이 필요한 식민지의 플랜테이션 농장으로 이주시켰다. 노예제도 철폐 후 영국은 인도에서 계약노동자들을 서인도 제도로 데려와 노동력의 빈 공백을 채웠다. 외형적으로는 계약처럼 보이지만, 실제로는 가난한 사람들을 헐값으로 데려간 불평등 계약이었다.

이른바 '코리안 디아스포라Korean Diaspora'의 문제는 그 규모와 중요성에도 불구하고 지금까지 별다른 주목을 받지 못했다. 대단히 유감스런 일이다. 스탈린 치하의 고려인(까레스키) 강제이주, 일제지배 하의 강제징용, 6·25전쟁, 사할린 거주 한인들, 해외 이민 등이 코리안 디아스포라를 입증한다.

블라디보스톡, 타쉬켄트, 하와이, 멕시코, 위안부, 사할린 한인들, 우토로(일본 교토 징용 조선인 촌락) 등은 강대국의 힘에 유린을 당한 한민족의 수난사를 잘 말해준다. 이산자들이 당한 고통과 상처를 글로 기록하고, 그 부당성을 환기시키는 작업은 필요하며 중요하다. 스웨덴 한림원은 2001년 노벨문학상 수상자로 나이폴을 선정한 이유를 "선진제국이 제3세계에 입힌 상처를 고발해온 역사의 증언자"로 평가하기 때문이라고 밝혔다. 나이폴처럼 "억압된 역사의 존재를 바라볼 수 있도록 해주는 작가"가 우리 문학계에도 등장하길 기대해본다.

제국주의의 종류

종류

영국, 프랑스, 일본의 제국주의 실행형태를 차례로 살펴보자. 영국 식민통치는 도덕적 우월감, 즉 앵글로 색슨족이 남자답고 용기 있으며, 희생과 봉사 정신으로 무장되어 있다는 의식에서 출발했다. 팽창 제국주의는 우월의식을 기반으로 하며, 이 우월의식은 타자(화)를 필요로 한다. 영국은 자신감과 자부심을 갖고 제국을 건설했고, 이른바 '문명화 사명'을 수행하기 위해서 정치 조직, 제도, 문화, 종교 및 언어를 식민지에 확대 보급했다.

영국은 본국과 식민지 자치령(호주와 뉴질랜드 등) 사이의 협력적 관계를 모색했다. 타 민족과 문화를 영국식으로 동화시킬 수 없다는 냉철한 현실주의와 냉소주의가 제국 경영의 기본이 되었다. 큰 부분(정치 및 경제생활)에는 관여를 하되, 작은 부분(언어와 풍습)에는 관여하지 않는 식으로 식민지를 운영했다. 즉, 영국식 식민통치는 자치주의(자율)를 근간으로 삼는다. 영국은 식민지를 영구히 지배하는 것은 불가능하다고 판단했다. 아편전쟁의 승리로 영국이 중국으로부터 홍콩 섬을 100년 동안 빌리기로 했던 결정도 좋은 예이다(1997년 영국은 홍콩을 중국에 영구적으로 반환했다).

프랑스는 19세기 영국과 식민지 쟁탈전을 벌여 아프리카 대륙과 인도차이나 반도 등에 광활한 식민지를 일구었다. 그러나 제2차 세계대전이 끝나자 모로코와 베트남 등이 독립하면서 식민지를 잃게 되었다. 영국과는 달리, 프랑스는 동화정책을 실시했다. 동화주의(포용)는 "만인은 평등하며, 사람들 간의 격차는 탄생이 아니라 교육과 환경에 의해 발생한다는 사고"에 입각한 것이었다. 하지만 프랑스도 흑인을 사람으로 여기진 않았다. 동화정책은 식민지인의 불만과 저항을 누그러뜨리기 위한 기만전술에 불과했다.

프랑스령 마르티니크 출신의 프란츠 파농(1925~1961)이 반식민 저항의 기수가 되었던 것도 다분히 프랑스의 동화정책에 대한 깊은 환멸감에 기인한 것이었다. 그는 "식민지인들이 지배자의 문화에 동화되기 위해서는 그들의 정신을 저당잡혀야 하고, 반대급부로 그들이 얻게 되는 것은 부르주아 식민주의자들의 사유체계다."라고 말했다. 식민주의는 축복이 아니라 재앙이었음을 상기시키는 말이다.

파농과 같은 나라 출신인 에메 세자르(1913~2001)는 흑인이 인종적·문화적으로 백인보다 우월하다는 이른바 '네그리튀드Negritude' 운동의 기수가 되었다. 그는 "아프리카의 역사적 비극은 아프리카가 외부세계와 '때늦은 만남'을 가졌기 때문이 아니라, 그 '(불평등한) 만남의 방식'에 있었다"고 주장했다. "서양은 휴머니즘이란 말을 수없이 뱉어냈지만, 단 한 차례도 진정한 휴머니즘을 실현한 적이 없었다"는 그의 계속적인 단언에서 그의 강한 반제국주의 정서를 느낄 수 있다.

북아프리카 알제리의 반식민투쟁은 좋은 예이다. 알제리는 1830년부터 1962년까지 132년간 프랑스의 식민지배를 받다가, 1962년에 샤를 드골 대통령이 '에비앙 조약'에 서명하면서 비로소 독립했다. 알제리의 독립전쟁은 1954년 알제리 민족해방전선이 결성되면서 본격화되었다. 2005년 11월 27일부터 약 15일 동안 북아프리카계 이민자들이 프랑스 전역에서 일으킨 연쇄폭동도 인종차별, 실직 및 가난의 굴레에서 벗어나지 못하는 불만과 연관이 있다.

일본의 제국주의 실행은 좀 복잡하다. 일본은 유럽식(영국과 프랑스)을 벤치마킹하면서도, 이를 자신의 방식대로 변용을 했다. 일본은 스스로를 '동아시아의 영국'으로 상정하고 영국식을 모방했다. 이른바 '탈아입구론脫亞入歐論'은 19세기 말 일본의 근대화를 이끌었던 계몽사상가 후쿠자와 유키치의 주장이었다. 일본은 서양문명을 받아들이는 것 자체를 보편적인 방식으로 인식했다.

그런데 일본이 직면한 고민이 있었다. 자신들과 아시아인들 사이에 피부색과 문명의 차이가 두드러지지 않았다. 일본인은 하얀 피부의 유럽인이 아니었고, 한국과 중국은 '미개한' 아프리카가 아니었다. 일본은 자신과 아시아 국가들 사이에 차이가 없고, 분리 또한 쉽지 않다는 점을 인식하여 자신의 우월성과 제국건설을 정당화할 수 있는 방법을 찾고자 고심했다. 한 가지 방법은 조선의 후진성을 부각시키고, 문명화의 필요성을 내세우는 것이었다. 이를 위해 조선인 개조, 조선의 제도와 관습을 고치는 작업을 진행했다. 총독부는 '좋은' 정부였고, 철도 부설은 '근대화의 길'이라는 논리를 만들어 유포시켰다. 이와 더불어서 인종적으로 유사한 조선인을 종속시킬 또 다른 논리를 동화정책에서 찾았다.

그런데 일본식 동화정책은 프랑스식과는 사뭇 달랐다. 일본식은 천황의 통치 하에 있는 사람들(비록 서로 다른 민족이라 할지라도)을 한 가족으로 생각하여, 천황을 섬기는 하나의 민족과 국가를 만드는 것이었다. 이른바 '황국신민론'과 '대동아大東亞 공영권'은 일종의 유인책이었다. 일본은 아시아의 맹주가 되길 열망했다.

문제는 프랑스식 만인평등 사상의 실행이 아닌 천황을 중심으로 하나의 통합체제를 만들려는 데 있었다. 이를 원활하게 하기 위해 일본은 조선어를 말살하고 창씨개명을 요구했으며, 대한제국의 신문과 잡지를 강제로 폐간시켰고, 민족주의와 민족자결이라는 반항의 불씨를 꺼야 한다고 생각했다. 이런 방안들이 제대로 실행되지 않을 경우, 일본은 조선에서 강압적인 통치가 불가피하다고 생각했다. 일본의 식민통치 이론가인 도쿠토미 소호(1863~1957)는 "조선인들이 일본의 조선통치를 숙명으로 받아들여 일본에 동화되도록 하고, 만약 제대로 말을 듣지 않을 때는 힘을 사용하라"는 극우적 발언을 했다.

일본식 동화정책은 박애주의와 인도주의와는 전혀 상관이 없었다. 황민화 정책은 선함과 사랑의 실천을 강조하는 기독교화와도 달랐다. 지금도 재일 한국인에 대한 차별이 여전히 존재한다. 융합, 평등, 자비, 정의란 말은 공허한 수사학에 불과했다. 일본의 제국주의에는 문명화에 대한 사명, 이타적 태도, 윤리성이 결여되어 있었다. 현 고이즈미 총리의 각료진 중에는 창씨개명은 취업을 원하는 조선인들이 요구한 것이며, 신사참배는 계속하겠다고 주장하는 사람들이 있다. 일본의 본색을 엿볼 수 있는 부분이다.

영국 제국주의 역사

영국의 제국주의는 자본주의와 더불어 성장했다. 영국은 역사상 최초의 자본주의 국가였다. 영국의 자본가들은 17~18세기에 국가를 장악했고, 해상권을 강화시켜 세계정복에 나섰다.

그리고 자본주의 성장과 더불어 원료와 시장 확보가 필요해지자 해외에서 식민지 건설을 시작했다. 영국은 아프리카의 3분의 1과 인도 및 중동을 포함한 제국을 건설했는데, 이 과정에서 자원의 약탈과 노동력 착취를 통해 자본을 축적했다.

자본주의의 등장은 노예무역의 발전과 밀접한 관련이 있다. 대서양 횡단 노예무역으로 약 2천 5백만 명의 아프리카인들이 아프리카 서부해안에서 강제이주 당했으며, 이 중에 약 1천만 명이 신대륙으로 옮겨졌다. 1791년에서 1806년 사이에 영국이 노예무역의 절반을 지배했다. 영국은 노예무역을 통해 자본을 축적할 수 있었다. 흑인 노예무역을 정당화하기 위해 흑인들을 야만인, 가축, 죄수, 원숭이와도 같이 취급했다. 이득을 추구하는 과정에서 제국들 간의 경쟁과 전쟁이 일어났다. 이 시기를 '고전적 제국주의'라고 부른다.

영국은 1858년 네덜란드의 동인도 회사를 빼앗고, 1880년에는 수에즈 운하 회사의 주식을 매입하면서 제국의 기틀을 다져나갔다. 인도를 손에 넣고, 페르시아에서 영향력을 강화하기 위한 전략적 선택이었다. 1860년부터 제1차 세계대전이 일어나기 직전까지는 영국을 포함한 유럽 제국주의의 절정기였다. 남아공화국의 희망봉, 스페인의 지브롤터 섬을 점유한 것은 해상권 확보를 위한 전략적 판단에 따른 것이었다. 식민지 경영을 통해 영국은 부와 권력을 축적할 수 있었고, 영어와 영문학 및 영국의 규범과 법제도를 전 세계에 전파할 수 있었다. 흔히 영국을 신사의 나라라고 부르지만, 실상은 '해적의 나라'요 '고리대금업의 나라'라고 불러도 무방하다. 그만큼 영국인들은 상업혼으로 무장되었다는 뜻이다. 오늘날 영국이 금융 및 보험 산업의 메카로서 자리매김을 하고 있는 것도 과거 제국주의의 후광이다.

한국과 영국의 역사적 만남은 1881년으로 거슬러 올라간다. 당시 영국 군함 페가수스Pegasus(天馬)호는 원산에 상륙하여 조선에 통상무역을 강압적으로 요구했다. 다시 1885년 4월 15일 영국의 극동함대가 거문도를 불법으로 점령했다. 당시 조선주재 영국 총영사였던 베이버 씨는 거문도를 5천 파운드에 살 것을 조선정부에 요청할 정도로 뻔뻔스러웠다. 4년 뒤 영국은 다시 거문도를 침략했다.

이런 일련의 사건은 강대국의 횡포를 잘 보여준다. 영국은 1880년대 이후부터 이집트의 수도 카이로에 군대를 주둔시켰으며, 1883년 1월 18일에는 수에즈 운하를 장악했다(하지만 1956년 6월, 통제권을 상실하면서 제국해체가 가속화되었다). 곧이어 1884년에는 남아공화국을 그리고 1886년에는 미얀마를 차례로 자국의 식민지로 만들었다. 2003년 영국은 미국에 가세하여 이라크를 무력으로 침공하는 더러운 전쟁을 벌이고 있다. 과연 영국이 신사의 나라일까?

새로운 제국 미국하의 한국

미국은 이라크를 '악의 축'으로 규정하고 막강한 군사력을 이용하여 침공했다. 그리고 북한을 '폭정의 전초기지'로 부르며 무력개입이 얼마든지 가능하다고 협박한다. 억압에서 해방을, 폭정에서 민주를 부르짖고 있는 것 같지만, 속셈은 자국의 이득을 추구하고, 자신의 입맛에 맞게 다른 나라의 체제를 개조하려는 데 있다. 이런 미국의 행보는, 영토와 자원 및 시장을 점유하여 상업적 이득을 추구하는 제국주의의 본질과 통한다. 석유확보, 중동에서 세력확장, 무기판매, 미국식 가치 강요에 혈안이 된 새로운 제국인 미국은 촘스키 말대로 '불량국가(the rogue state)'이다.

정당화될 수 없는 이라크 전쟁에 한국이 세 번째로 큰 규모인 3천 5백 명에 달하는 군대를 파견했다는 것은 도덕적으로 부끄러운 일이다. 미국의 파병 요구를 거절할 수 없는 한국은 주권국가가 아닌, 미국의 일개 '속국(client state)'으로 전락한 느낌이다. 한국의 이라크 파병 결정은 미국에 대한 보은報恩 차원이라기보다는 자발적 노예주의를 자처하는 것은 아닌지 자문하게 된다. 우리가 철군을 스스로 결정할 수 없으며, 항상 테러 공포에 시달려야 한다는 것은, 우리가 미국의 패권주의 범주에 있다는 것을 의미한다. 우울한 성찰이다.

타자화 전략

식민지배자들은 자신들의 권위와 통치를 정당화하기 위해 늘 '열등한' 타자를 필요로 한다. 동일자의 반대개념인 '타자(the Other)'는 자신들과 다른 속성을 지닌 부류, 계층 및 인종을 일컫는다. 왜 백인이 타자(유색인)를 필요로 하는가. 자신의 인종적·문화적·도덕적·지적·기술적 우월성을 확인하고 싶은 욕망 때문이기도 하다. 우월감을 확보함으로써 타자의 지배를 정당화할 수 있게 된다.

서구의 시각에서 동양을 일방적으로 바라보는 시각, 즉 '서구의 눈(시각) 아래' 놓인 동양 혹은 비서구는 절대적인 진리가 아니라, 허구적인 관념의 덩어리에 불과하다. 에드워드 사이드Edward W. Said는 "동양이란 사실상 유럽인들의 머릿속에서 조작된 것"으로 보고 오리엔탈리즘을 인식론적 폭력으로 규정했다. 그리고 『오리엔탈리즘』에서는 이집트에서 외교관 및 행정관으로 활동했던 크로머Cromer의 다음과 같은 발언이 오리엔탈리즘의 전형을 보여준다고 주장한다.

> 동양인 또는 아랍인은 우둔하고 활력과 자발성을 결여하며 정도에 지나친 아부를 하고, 음모를 꾸미며, 교활하고 동물학대를 일삼는다. 동양인들은 (무질서한 마음 때문에) 건도록 만들어진 도로를 걸을 수 없다. 동양인은 상습적으로 거짓말을 하고, 무기력하며 의심이 많다. 그리고 모든 점에서 앵글로색슨족의 명석함, 솔직함, 고귀함과 대조적이다. (중략) 나는 동양인 일반의 행동양식, 대화방식, 사고방식이 유럽인의 그것들과 정반대라고 하는 사실에 주목하여 만족하고 있다.
>
> (Edward W. Said, *Orientalism*, pp.38-39)

영국인 관리의 이런 발언은 편협성과 우월주의를 드러낸다. 사이드는 타자화 작업의 부당성과 허구성을 지적함으로써 기존의 인식의 지평에 큰 변화를 가져다주었다.

재현

'재현(representation)'이란 대상, 사람, 현상 간에 의미가 생산되고 교환되는 과정을 의미한다. 사물을 상징하거나 재현하는 데 언어, 기호, 이미지가 사용된다. 재현은 타자에 대한 상투적이며 고정된 이미지를 만들어 내는데, 이것이 곧 '정형화 (stereotype)' 작업 혹은 고정관념 만들기이다. 예를 들면 동양은 이국적이며, 동양여성은 신비롭고 관능적이고, 동양남성은 열등하다는 식으로 고정관념을 생산한다. 그런 다음 지배자는 이런 고정된 이미지를 널리 유포시키고 허위 지식을 생산함으로써 권력을 획득한다. 지식과 권력의 담합에 의해 타자에 대한 지배가 가능해진다. 오리엔탈리즘은 다름 아닌 제국경영을 합리화하여 헤게모니를 장악하기 위해 고안된 것이다.

정형화 작업의 기본 원리는 '분리와 배제 그리고 봉쇄'라 할 수 있다. 정형화 작업은 두 문화권 사이의 힘이 심한 불균형을 이룰 때 발생한다. 권력은 정복과 약탈이란 직접적인 방식 이외에 인종차별, 오리엔탈리즘, 정형화 작업 등의 간접적인 방식을 통해서도 생산된다. 정신의 탈식민화를 위해서는 정형화의 부당성을 간파하고 이에 포섭당하지 않는 것이 필요하다.

식민통치, 넓은 의미에서 모든 권력행사를 위해서 지배자는 구분, 구획, 분류, 명명(naming)의 방식에 의존한다. 백인이 원주민을 하위 인간, 짐승, 식인종 등으로 구분하여 명명하는 것, 영국, 프랑스, 벨기에 등이 아프리카를 일방적·편의적으로 분할한 것 자체가 권력행사이다. 왜 오늘날 아프리카에서는 종족 간의 분쟁이 끊이질 않는가. 단지 아프리카인들이 호전적

이거나 미개해서 싸움을 하는 것일까. 동일 종족을 서로 다른 국민으로 분류한 것에 책임이 있는 것은 아닐까. 지금도 벌어지는 잦은 내전과 혼란을 이유로 백인들이 다시 식민통치의 필요성을 제기하는 것은 오만이고 착각이다.

이처럼 명명화 작업 혹은 기준 설정 행위 자체가 식민지배자의 우월성과 지배를 정당화하는 행위이다. 왜 아메리카를 '신대륙'이라 부르고, 한국을 '극동'이라 부르는가. 명명하는 쪽에서 기준 혹은 표준을 갖고 분류작업을 하기 때문이다. 신대륙은 구대륙 못지않게 오래된 곳이었음이 분명한데도 생뚱맞게 '신'대륙으로 정의된다. 1942년 콜럼부스가 아메리카 대륙을 발견하고 이를 '인도'라고 우겼고, 그곳에 사는 원주민을 아메리칸 '인디언'으로 명명했다.

서인도제도란 이름은 어떤가. 인도는 인도양에 있지만, 서인도제도는 중남미 카리브해안에 있다지 않은가. 네덜란드인들이 아시아 무역을 전담하는 '동인도 회사'란 명칭을 사용한 것은 서인도와 편의상 구분하기 위한 것이다. 이런 명칭 사용상의 혼란은 한 마디로 백인들의 무지와 오만과 편의적 방편의 산물이었다. 유럽인들이 자신들의 기준에서만 세상과 사물과 사람을 보았으며, 이것은 인식론적 폭력에 해당된다.

정형화의 예

검은 대륙. 이 말은 유럽인들이 생각하는 아프리카에 대한 부정적인 이미지를 함축한다. 아프리카는 문명화되지 않은 미개한 곳이란 인식이 짙게 깔려 있는 것이다. 이런 인식을 바탕으로 백인들은 아프리카인들을 계몽시킨다는 그럴듯한 명분을 내걸고 아프리카를 정복했다. 하지만 사실은 달랐다. 유럽인들 사이에 추잡한 식민지 쟁탈전이 벌어졌다.

테니스계의 여왕으로 등장한 흑인 비너스 윌리엄스를 '흑진주'라 부르는 것도 얼핏 보면 흑인을 존중해주는 것 같지만 인종차별적 용어다. 미국 골프계에서 박세리가 정상에 오르자 미국 언론은 '황색 돌풍'이란 표현을 사용했다. 그렇다면 백인들이 굳이 피부색을 언급하는 이유가 뭘까. 흑인과 황색인을 백인과 구분 짓겠다는 의도가 다분하다. 백인의 전유물이었던 테니스와 골프 세계에서 유색인들의 두드러진 활약상에 대해 백인세계가 불편한 감정을 드러내는 것이다. 챔피언이 되도 결국 윌리엄스와 박세리는 백인이 아니라는 사실을 백인들은 힘주어 강조한다. '진주'와 '돌풍'이란 단어 앞에 붙는 '흑'과 '황색'이라는 수식어는 인종구분을 강조하기 위한 것이다.

그런데 좀 더 심각한 문제는 유색인인 한국인이, 백인들이 사용하는 인종구분과 인종차별을 무비판적으로 받아들이고 이를 내면화하며 재생산하고 있다는 데 있다. 예를 들면, 2002년 한일월드컵 때 아프리카 세네갈이 전 대회 우승국이었던 프랑스를 이기자, 한국의 언론들은 일제히 '검은 쿠데타'라는 헤드라인을 잡았다. 이것은 우리가 백인들의 일반적 관행을 여과 없이 반복했다는 점을 극명하게 보여준다. 왜 정정당당하게 경기를 하여 얻은 놀라운 성취를 두고 '쿠데타(불법적인 권력장악)'라는 표현을 사용하는 것일까. 정치적 혼미를 거듭하며 아프리카 대륙에 속한 세네갈이 종주국인 프랑스의 권위를 뒤집었다는 의미가 '검은 쿠데타'라는 용어 속에 녹아 있다. 세네갈의 입장에서 보자면, '검은'에 의한 인종차별과 '쿠데타'라는 하극상 때문에 두 번 차별을 당하는 셈이다.

백인들은 흑인들을 '무지한 동물' 정도로 취급해왔다. 서구 문명사에서 위계질서로 보면 흑인들은 '가장 낮은 인종 혹은 원숭이의 사촌'으로 분류되어 왔다. 우리도 피부색이 다른 사람들을 타자화하는 잘못을 저지르고 있는 것은 아닌지 스스로 자문해볼 필요가 있다.

히틀러의 유대인 대학살도 유대인을 더럽고 불결한 종족으로 분류하는 작업에서 출발했다. 나치스는 범게르만주의에 포함되지 않는 유대인 인종을 '청소'했다. 어떻게. 먼저 유대인에 대한 부정적인 이미지를 만든 다음 유대인을 감시, 처벌, 박해, 학살하는 행위를 정당화했다. 영국은 아일랜드인을, 일본은 한국인을, 유럽인들은 아프리카인을 '하위' 인간으로 일방적으로 분류함으로써 자신들의 지배 권력을 행사해왔다.

알튀세르가 말하는 '호명(interpolation)'이란, 제국주의 이데올로기에 의해서 개개인이 부름을 당하는 것을 의미한다. 예를 들면, 제국주의 이데올로기를 수행하는 경찰관이 지나가는 개인을 부르는 것이 호명이다. 호명을 당한 개인은 제국주의 이데올로기에 따라서 움직이는 것이다. 제국주의란 어느 시대나 사회에 통용되는 보편타당한 것이 아니라, 특정 시기에 특정 사회에서 헤게모니를 잡을 목적으로 만들어진 일시적인 가치체계를 말한다. 공산주의와 반공주의는 유통기간이 지난 이념이다. 정형화와 타자화 및 이데올로기의 호명 방식에 의한 권력의 작동방식에 주목할 필요가 있다.

흑인과 백인의 재현방식

현대 사회에서 미디어가 흑인과 백인을 재현하는 방식을 살펴보자. TV화면을 통해 우리가 접할 수 있는 흑인의 이미지는 크게 두 가지이다. 하나는 배고픈 아프리카 난민들이고, 또 다른 하나는 스포츠와 음악 분야에서 두각을 나타내는 선수들이다. 고작해야 프란츠 파농을 흑인 지성의 상징으로 들 수 있다. 사정이 이러하기에 흑인은 지적으로 열등한 종족이란 생각을 자동적으로 받아들일 정도이다. 교육기회의 박탈, 가난, 실직 등의 현실적 문제가 흑인들에게 지적인 환경을 제공해주지 못한다는 점이 고려되지 않고 있다. 흑인은 백인의 하얀 피부와 지적 우월성을 확인시켜주는 거울에 불과한 존재로 인식되고 있다.

오늘날 할리우드 영화에서 흑인이 어떻게 재현되는가. 그 대표적인 유형으로는 Toms(착한 검둥이), Coons(게으르고 덜 된 하위인간, subhuman), Tragic Mulatto(성적 매력이 있으나 흑백혼혈이기에 비극에 처하는 여성), Mammies(뚱보 하녀), Bad Bucks

(과격한 갱단) 등을 꼽을 수 있다.(Stuart Hall, p.251)

할리우드 영화제작자들은 흑인에 대해 주인의 말을 잘 듣고, 지적으로 열등하며, 피부색에 대해 열등감을 지니고, 가정부이거나, 폭력적이며 반항적 부류라는 부정적인 이미지를 만들어 유포시킨다. 영화와 미디어를 통한 흑인 재현방식은 하나의 권력이 되며 폭력이 된다.

미국과 영국에서는 흑인들의 반감과 분노를 누그러뜨리기 위해 일종의 제스처 정치를 선보인다. 현 미국 국무부장관인 콘돌리자 라이스, TV 쇼 프로그램 진행자 위니 오프라, 전 미국 국무부장관 콜린 파월, 현 유엔 사무총장 코피 아난 등은 흑인들 중 성공한 사람들이다. 이런 선택적 임명은 백인의 인종차별주의를 감추기 위한 위장전술로 보인다. 일부 흑인들의 성공신화를 만들어 홍보함으로써 자신들의 사회가 다문화주의와 관용주의의 원칙에 따라 움직이고 있다는 점을 애써 강조하려 한다. 그런데 이것은 보편적 평등주의 실행과는 거리가 멀다. 흑인에 대한 부정적인 이미지를 어떻게 종식시킬 것인가, 흑인의 인종적·문화적 위엄을 어떻게 회복할 것인가, 이런 문제에 대한 고민이 필요하다.

흑인과 백인 사이에는 세 번의 역사적 순간이 있었다. 첫째, 16세기 유럽 무역상인들과 서아프리카 왕국들 사이에 이루어진 노예무역 시기, 둘째, 19세기 제국주의 절정기 때인 유럽의 식민지 각축전 시기, 셋째, 제2차 세계대전 후 제3세계 사람들이 유럽과 북미로 이주해온 시기가 그것이다.

흑백 간의 역사적 만남을 가속화한 요인 중 하나는 바로 돈벌이, 즉 노예무역이었다. 노예, 땅, 시장, 원료, 인력이 필요해지자 한 곳에서 다른 곳으로 이동이 촉진되었고, 이런 이동은 흑백의 갈등을 한층 심화시켰다. 물론 이런 만남을 통해 인종과 문화가 교류되고 뒤섞이는 긍정적인 측면도 있었지만, 백인에 의한 일방적인 진행과 인종갈등이란 문제도 낳았다. 오늘날의 세계화 역시 미국에 의한 일방적인 진행이다.

백인들은 자신들의 우월성을 확보하기 위해서 비누 사용과 흰 의복 입기를 강조했고, 신사 이미지를 만들어 유포시켰다. 왜 아프리카인들이 비누를 숭배하게 되었는가. 비누가 피부를 깨끗하게 해주고 위생을 유지할 수 있게 해줄 수 있는 마법을 지닌 것으로 믿었기 때문이었다. 이렇듯 비누는 백인 문명의 상징체로 인식되었다.

하얀 피부는 하나의 특권으로 통용되었으며, 여전히 통용되고 있다. 영화 속에는 백인들이 흑인들이 나르는 가마를 타고 개울을 건너거나, 흰 옷 차림으로 코끼리 등에 올라타 소풍을 가는 장면이 많이 등장한다. 백인 주인은 좀처럼 흥분하지 않고, 셈에 밝으며, 남성답고, 자애로운 모습으로 재현된다. 또한 말라리아에 걸리지 않을까 걱정하며 위생에 늘 신경을 쓴다. 아프리카를 비위생적인 공간으로 재현하는 것은 헤게모니 확립을 위해 꼭 필요한 작업이었다. 따라서 재현은 순수한 행위가 아닌 다분히 정치적인 행위이다.

지배담론과 저항담론

저항담론

　식민주의는 지배담론이요, 탈식민주의는 이에 맞선 저항담론이다. 이 두 담론은 늘 긴장과 대립의 관계 속에 놓여 있다. '담론(discourse)'이란 "지배그룹이 피지배그룹에 특정 지식, 규율, 가치를 강요함으로써 진리의 장을 구성하는 체계"이다. 즉, 담론은 세상이 어떤 모습인지를 드러내는 '진술체계(a system of statements)'이다. 식민담론이란 식민지와 식민지인에 관한 진술체계인데 이런 담론을 통해 식민지배자와 피식민지인 모두는 자신들을 바라볼 수 있게 된다. 식민담론은 자민족 우월주의에 입각한 일방적 담론으로서 위계질서와 우열, 불평등을 만들어낸다. 말하자면 차별과 배척의 논리에 따라 작동한다고 할 수 있다.

저항담론은 '역담론 혹은 대응담론(counter-discourse)'으로 불리는데, 이것은 식민지배자의 권위와 명령을 거부하고, 자치권과 독립 쟁취를 목표로 삼는다. 이런 반식민투쟁 혹은 저항을 가능케 하는 추동력은 민족주의였다. 저항담론의 극단적 형태로는 네그리튀드 운동(흑인이 인종적·문화적·지적·예술적으로 백인보다 더 우월하며, 이들의 때 묻지 않은 정신이 병든 유럽을 이끌 수 있다는 믿음)을 꼽을 수 있다. 탈식민계열 작가들의 경우, 치누아 아체베처럼 자국 고유의 역사와 전통과 언어를 복원하려는 경우도 있고, 응구기처럼 식민지배자의 언어와 문화를 '전유(appropriation)'하는 경우도 있다.

영문학의 정전에 해당하는 작품들(고전들)을 식민지인의 입장에서 다시 쓰는 이른바 '되받아 쓰기(Writing Back)'도 지배자의 언술행위에 도전하는 것이다. 낸시 롤스Nancy Rawles의 소설 『나의 짐My Jim』(2005)은 미국문학의 고전이 된 마크 트웨인의 소설 『허클베리 핀의 모험』을 아프리카, 흑인, 여성 화자의 입장에서 다시 쓴 혹은 되받아 쓴 경우에 해당된다. 이 작품은 미국인, 백인, 남성의 시각에 맞선 대응담론을 개진하는 텍스트다.

사이드와 아프리카 출신 작가인 아체베는 콘라드를 가리켜 제국주의를 비판하기보다는 이를 옹호하며, 아프리카인들을 검은 형상들, 식인종들, 괴물들, 야만인들로 묘사한 '철두철미한 인종차별주의자'로 규정한다. 이런 비판은 콘라드가 반제국주의 작가라는 주장을 부정한다. 논쟁점의 진위는 별개로 치더라도, 아체베와 사이드는 백인 작가의 언술행위에 강한 의문을 제기하면서『암흑의 핵심』을 제국주의 서사로 재평가한, 즉 저항담론을 개진한 예가 된다.

키플링 비판

책과 비디오로 우리에게 잘 알려진『정글북The Jungle Book』(1894)은 전 세계 어린이들에게 웃음과 재미를 선사한다. 저자 키플링(1865~1936)은 영국의 제국주의와 식민통치, 문명화 사명을 예찬했다. 하지만 영국의 민족작가 키플링을 비판적으로 읽는 것 또한 가능하다.『정글북』에 등장하는 소년 모글리는 마지막 장면에서 정글세계를 떠나 인간세계로 향한다. 이것은 작가가 문명화의 필요성을 말하는 것으로 이해할 수 있다. 정글세계를 순찰하는 코끼리들은 영국 군인들을 상징한다. 영국인이 무질서의 공간에 질서를 가져다주는 존재로 제시된다. 게다가 표범 바기라는 위기에 처한 모글리를 구조한다. 이 표범은 영국의 부권주의적 보호주의 혹은 우월주의를 상징한다. 이런 일련의 설정을 통해, 키플링은 인도가 영국의 문명화와 보호를 필요로 한다는 이데올로기를 전달한다. 키플링을 영국 제국주의의 나팔수로 보는 것이 가능하다.

키플링의 시「육상 우편 — 언덕으로의 도보배달The Overland

Mail — foot-service to the hills」에서는 식민지배자(영국인)가 인도인의 서비스를 필요로 하면서도 인도인을 두려워하는 양가적 감정이 작동한다. 줄거리를 간단히 살펴보자. 한 인도인 우편배달부가 강도, 호랑이, 폭우 등의 온갖 어려움을 이겨내고 언덕 꼭대기에 주재하는 영국인들에게 우편을 배달한다. 키플링은 배달부가 제국을 위해 봉사하고, 인내하고, 자신의 임무를 수행하는 미덕을 칭송한다. 피식민지인의 복종이 있어야 인도통치가 가능하다고 보기 때문이다. 시의 일부를 인용해보자.

　　　육상우편 – 언덕으로의 도보배달

　　　　　　　　　　　　　　　　　　루드야드 키플링

　　　인도의 여황제의 이름으로 말하거니 길을 비켜라.
　　　정글의 군주(야수)들이여, 어디를 배회하건 간에.
　　　날이 저물어 갈 무렵 숲은 움직이고 있다.
　　　우리 피신객들은 고국으로부터의 편지를 기다리고 있다.
　　　강도를 물러나게 하자. 호랑이가 달아나게 하자.
　　　여황제의 이름으로, 육상우편이오!

　　　(중략)

　　　급류로 인해 물이 불었는가? 그는 급류를 건너거나 헤엄쳐야 한다.

비가 길을 못 쓰게 만들었는가? 그는 절벽을 기어올라야
만 한다.

폭풍이 그에게 멈추라고 소리치는가? 그에게 폭풍이 뭐
가 문제란 말인가?

배달 업무는 "그런데"나 "만약에"를 용납하지 않는다.

그의 입에 숨이 붙어 있는 한 그는 착오 없이 지니고 가
야만 한다.

여황제의 이름으로, 그 육상우편물을.

호미 바바는 '양가성(ambivalence)'의 개념을 사용하여 영국
인 지배자들의 심리구도를 다음과 같이 설명한다. 한편으로는
인도인의 불굴의 투지를 예찬하고 요구하면서, 다른 한편으로
는 인도인의 위협을 두려워한다. 즉, 인도인은 순종의 대상인
동시에 위협적인 존재다. 바바는 지배자 영국인들의 내면세계
가 견고하지도 안정되지도 않았다는 사실에 주목한다. 이렇듯
키플링이 제국주의를 예찬하는 목소리 이면에는 두려움이 있
다. 우리는 『정글북』을 단지 재미로만 읽지 말고, 그 속에 스
며든 영국 제국주의의 징후를 읽어내야 한다.

반제국주의 정서

오늘날에는 영국 내 새로운 식민지(혹은 내적 식민지)가 존
재한다. 이것은 다름 아닌 유색인들(흑인, 회교도인 및 아시아

인)이 모여 사는 방치된 지역을 의미한다. 이들은 영국 내에서 인종차별을 당하고, 실직상태에서 가난하게 살아가며, 제대로 교육을 받지 못한 사람들이다. 2005년 7월 7일 발생한 런던 지하철 연쇄 자살테러를 자행한 사람들은 파키스탄계 영국국적의 소유자들로 밝혀졌다. 영국에서 인생의 출구를 쉽사리 찾을 수 없었던 이들은 회교에 매료되었으며, 영국의 이라크 전쟁에 강한 분노를 느꼈다. 결국 이런 분노가 무차별 자살테러로 이어졌다. 이들의 영국거주는 영국 식민지배의 부산물이다. 영국이 먼저 그곳(식민지)에 왔기 때문에 이들이 이곳(영국)에 있게 된 것이다.

자메이카계 영국시인 벤저민 제파니아Benjamin Zephaniah는 대영제국훈장 수상을 거부했다. 훈장을 식민주의의 유산으로 생각했기 때문이다. 또한 그의 수상 거부는 블레어 정부가 미국과 함께 이라크 전쟁을 일으켰다는 사실에 대한 분노와 연관이 있다. 그는 "제국이라는 말만 들어도 화가 난다. 그것은 노예제도를 연상시키고 수천 년 동안 나의 할머니들이 어떻게 강간을 당하고 할아버지들이 잔혹하게 폭행당했는가를 상기시킨다"고 말했다. 반제국주의의 정서를 느낄 수 있다.

사이드식 저항독법

영어는 제국의 언어요 주인의 언어이다. 영어는 영국 제국주의 이념을 전달하고, 식민지인들을 명령하고 통제하는 권력행사의 주된 매개체였다. 영문학은 식민지인들을 영국화하기 위한 문화동화 전략의 일환으로 사용되었다. 이렇듯 영어와 영문학은 영국 제국주의 전파와 실행과 밀접하게 연관되어 있었고, 이런 후광과 유산은 현재까지 지속되고 있다. 영어가 국제 공용어로서 확고하게 자리 잡고 있다는 사실이 이를 입증한다. 하지만 영어와 영문학에 스며있는 영국식 사고방식, 제국주의적 사고와 우월주의에 포섭당하지 않는 것이 요구된다.

사이드는 영문학 작품에 녹아 있는 제국주의 이념을 비판적으로 읽어내는, 이른바 '저항독법(Resistance reading)'과 '대위법적 읽기(Contrapuntal reading)'의 필요성을 제기했다. 대위법적 읽기란, 음악 악보를 읽을 때처럼, 텍스트의 표면(말하는 것)과 이면(암시된 것)을 동시에 포착하는 읽기방식이다. 예를 들면 『문화와 제국주의』에서 제인 오스틴의 『맨스필드 저택 *Mansfield Park*』을 논하면서 그는 맨스필드라는 영국 저택의 부와 여가가 부당한 착취에 의해서 이루어졌다는 새로운 논점을 제시했다. 영국인 주인 토마스 버트람 경이 식민지 안티구아에서 농장경영을 통해 부를 축적했다는 점을 사이드는 지적한다. 이처럼 텍스트를 식민주의 맥락과 연결짓는 것이 사이드식 저항독법이다.

사이드는 텍스트를 읽을 때 텍스트 밖의 현실, 예를 들면 제국주의가 작동하는 현실과 역사라는 맥락에 주목한다. 사이드는 서구 제국주의를 삐딱하게 바라보고, 지배 권력에 흡수 및 고용되지 않고, 텍스트 속에 갇혀 있지 않고서 현실과 역사를 바라보려 했다. 사이드처럼 반제국주의적 앎과 삶을 일치시키려 했던 사람도 보기 드물다.

탈식민화의 걸림돌

탈식민화란 "모든 형태의 식민주의자의 권력을 드러내고 해체하는 과정"이다. 독립을 쟁취한 이후에도 여전히 남아 있는 종주국의 제도적·문화적 힘과 잔재를 청산하는 것을 포함한 일련의 과정이다. 그런데 오늘날 전지구적 자본주의 침투와 작동으로 인하여 탈식민화는 어려움에 봉착하고 있다. 탈식민화에는 여러 장애물이 존재하지만, 그중 '매판계층(comprador)'을 우선 꼽을 수 있다. 이 계층은 식민국의 상층부 엘리트를 구성하는데, 종주국과 협력적 관계를 유지한다. 그 결과 자국의 사정은 전혀 개선되지 않고 종주국에 계속 의존할 수밖에 없는 상황이 벌어진다. 식민지배자는 이 매판계층과 유착관계를 맺어 적은 비용과 노력을 들여 손쉽게 식민지를 원격 조정할 수 있게 된다.

민족주의에 기초한 문화적 본질주의 혹은 '토착주의(Nativism)'도 탈식민화에 걸림돌이 된다. 식민담론은 타자에 열등감을 갖게 하여 헤게모니를 통제하는 지배담론이다. 제국주의 이념이 일방적인 담론이듯, 식민지인들이 표방하는 '토착주의'와 민족주의도 일방적 담론이다. 제국주의와 토착주의는 모두 배타성을 특징으로 하는 문화적 본질주의 형태이다. 따라서 문화적 본질주의와 배타적 민족주의의 덫에 빠지지 않으면서 탈식민화를 추구하는 것이 요구된다.

저항의 두 가지 방식 −영어사용의 전유와 거부

아프리카 출신의 두 작가인 아체베Chinua Achebe(1930∼)와 응구기Ngugi wa Thiong'o(1938∼)는 식민지배자의 언어인 영어를 전유할 것인지 아니면 거부할 것인지에 대해서 이견을 보이지만, 적어도 이들은 영어를 무비판적으로 받아들이지는 않는다. 나이지리아 출신의 아체베는 아프리카 토착문화 및 뿌리와 교감하면서 아프리카 상황에 맞게 개조된 단순하고 명료한 영어 사용, 즉 '전유'를 주장한다. 영문학 정전을 식민지인의 입장에서 되받아 쓰는 행위가 식민주의에 맞선 저항의 한 방식이 될 수 있다.

아체베가 다양한 부족어가 존재하는 나이지리아의 현실상황에서 영어를 매개체로 하여 아프리카 문학을 전 세계에 알릴 수 있는 소통의 가능성에 주목했던 반면에, 케냐 출신의 응구기는 과거 식민주의 유산과 단절을 통한 '정신의 탈식민화(decolonising the mind)'의 가능성에 주목한다. 아체베가 현실적 실용주의자라면, 응구기는 급진적 거부주의자다.

아체베는 식민주의자의 시각에 강한 불만을 지닌다. "흑인은 아름답다(Black is beautiful)"는 그의 주장이 뒷받침하듯, 그는 아프리카의 전통과 문화와 위엄을 되찾으려 한다. 그의 소설 『모든 것이 무너져 내리다*Things Fall Apart*』(1958)에서는 아프리카가 유구한 역사와 고유한 문화를 지닌 유기체적 사회라는 점을 보여줌으로써, 콘라드의 아프리카(인)에 대한 부정적인 이미지를 정면으로 반박하고 나선다. 아체베는 구체적인 역사적 공간이라는 점을 강조한다. 그럼에도 불구하고, 주인의 언어와 지배담론의 틀을 완전히 거부하지 못한다.

한편 응구기는 아체베의 영어 전유와 영어 공용화 주장을 강한 어조로 비판한다. 그는 제국의 언어인 영어 사용의 '폐기(abrogation)'를 주장한다. 비단 영어뿐만이 아니라, 영문학 교육과 영문과의 폐지를 주장한다. 그가 이런 급진적인 주장을 하는 이유는, 제국주의와의 단절 없이는 식민지인의 '정신의 탈식민화'가 어렵다고 보기 때문이다. 왜 정신의 탈식민화가 그에게 중요한 문제인지를 아래 인용구에서 살펴보자.

검은 대륙을 지배하는 그들(제국주의자들)의 진정한 힘은 첫째 날의 대포보다는 그 뒤에 따라오는 것이었다. 대포의 뒤에 신교육이 있었다. 신교육은 대포와 자석의 속성을 동시에 지니고 있었다. 그것은 대포보다 더 효과적인 무기가 되었으며, 정복을 영구히 만들었다. 대포는 우리의 몸을 짓이겼고 학교는 우리의 얼을 빼앗았다. 총알은 물질적 정복의 수단이었지만 언어는 정신적 정복의 수단이었다.(Ngugi wa Thiong'o, *Decolonising the Mind*, p.9)

응구기의 저항은 서구식 교육이 민족혼을 불구로 만든다는 위기의식에서 출발한다. 하지만 영어 사용이 대세인 시대적 흐름을 고려해볼 때, 그의 주장은 시대착오적인 것으로 여겨진다. 응구기의 경우, 토착주의는 짓뭉개진 자존심을 회복시켜 줄 수 있지만 여전히 닫힌 의식을 드러낸다. 주권확립의 필요성과 예속의 현실 사이에 갈등과 고민을 엿볼 수 있다. 영어 광풍이 불고 있는 한국의 현실을 고려해볼 때, 이들의 영어사용을 둘러싼 논쟁은 우리에게도 많은 생각거리를 제공해준다.

우리에게 영어란 무엇인가

영어는 영국 식민주의가 남긴 유산이다. 오늘날 미국이 세계 최강국이 되면서 영어의 위상이 한층 강화되었다. 한국의 경우만 보더라도 모두가 영어를 배우려고 아우성이다. 영어를 배워야 한다는 강박증에 시달린다. 그래서 한국에는 '영어병' 환자들이 넘친다는 자조적인 탄식도 듣게 된다. 2004년 한 해 동안 전 세계적으로 450만 명이 토익에 응시했는데, 이 중 183만 명이 한국인이었을 정도다.

또한 영어는 미국의 경제적·문화적 헤게모니와 미국적 이데올로기를 전파하는 도구이다. CNN방송은 실시간으로 안방까지 전달되어 편리하지만, 이런 편리함을 누리는 사이에 우리가 미국식 가치관과 이데올로기에 포섭당할 가능성이 다분하다. 영어는 결코 가치중립적이지 않다. 우리는 엄연히 문화

제국주의 현실 속에서 살고 있다.

한국사회에서 영어능력은 곧 생존의 수단이 되었다. 영어능력은 특목고, 명문대, 전문직으로의 진출을 결정짓기도 한다. 구한말의 교육선교사 아펜젤러에 따르면, 조선학생들이 영어를 배우는 목적은 한결같이 "출세를 위하여"였다고 한다.

작금 대다수 한국 대학생들이 취업을 위해 토익과 토플 공부에 청춘을 바친다. 이런 영어숭배 혹은 영어학습 강박증은 정신적·문화적 신식민화로 이어진다. 아울러 박노자의 지적대로, "돈이 있고 없고에 따라서 영어능력에 차이가 생기고, 영어능력 여부에 따라 귀족과 빈곤층이 생겨나는 점은 사회통합을 위해서도 결코 바람직하지 않다."(『안과 밖』 12호, p.64) 이경원도 영어는 "우리 사회의 모순된 계급구조를 재생산하는 일종의 '문화자본'이다"(같은 책, pp.67-68)라고 주장한다. 이처럼 영어 숭배는 한국사회 내에서도 문제를 낳는다.

영국과 미국의 식민지도 아니었던 한국에서 자발적 선택과 동의에 의해 영어를 배우려는 것은 영국과 미국의 헤게모니에 순응하는 정반대의 결과를 초래할 수 있다. 잔모하메드는 "제국주의가 식민적 단계에서 신식민적 단계로 진행할수록 물리적 폭력보다는 인식론적 폭력이 더 효과적으로 작용하며, 지배자의 생산양식과 가치체계가 피지배자의 '동의'에 의해 받아들여지는 '헤게모니적' 방식에 더 많이 의존하게 된다"고 주장한다(JanMohamed, "The Economy of Manichean Allegory", p.81). 이런 예속화는 지금도 진행 중이다. 우울한 자화상이다.

탈식민 이론가들 – 푸코, 파농, 사이드, 바바, 스피박

푸코의 권력담론

탈식민주의와 미셸 푸코 사이의 상관성은 무엇일까. 권력이 작동하는 방식에 주목해보자. 푸코는 서구의 계몽기획이 개개인의 이성적 능력의 확대와 자율성을 증대시키지 못했다는 점을 체계적으로 입증했다. 일례로 원형감옥은 중앙 탑에서 죄수들을 감시할 수 있도록 고안된 합리적인 장치이나, 이런 감시체제 내에서 감시자와 죄인 모두가 관료조직의 부품으로 전락하고 만다. 따라서 푸코의 작업은 '권력이 개개인들의 행위를 지배함으로써 그들을 종속시키는 방식'에 대한 탐구로 요약될 수 있다. 그는 권력의 속성보다 권력이 생기는 방식에 주목한다. 그는 권력이 수직적인 속성을 지니는 것이 아니라, 중심이 없는 밑으로부터 다양한 지점에서 생긴다고 보았다. 또한 그는 이런 권력에 맞서 조직적으로 저항하는 것이 어렵다고 보았다.

푸코가 비판을 받는 지점은 바로 개개인의 저항의 가능성을 무시하는 데 있다. 주체의 역동성과 저항성의 부재가 문제가 된다. '담론(discourse)'은 푸코가 특별히 고안해낸 용어로 전통적으로 말하기(talk), 말하는 행위(the act of speaking), 담화(conversation)의 의미로 통용되었지만, 푸코는 'discourse'란 용어의 사용을 고집한다. 푸코가 염두에 둔 담론이란, 지배계급이 피지배계급에 특정한 지식과 규율을 강요함으로써 '진리'의 장을 구성하는 언술체계(말하기와 글쓰기를 포함한)를 말한다. 예를 들면 노동계층이 비위생적이고 게으르며, 식민지인이 열등하다는 언술은 지배 이데올로기가 자의적·일방적으로 만들어 낸 하나의 담론이다. 광인과 죄수가 감시와 처벌과 교화의 대상이 되어야 한다는 인식체계도 지배권력을 정당화하기 위해 고안된 하나의 담론이다.

이처럼 담론은 세상의 모습을 보여주는 하나의 방식이다. 그런데 문제는 이렇게 드러나는 세상의 모습이 일방적으로 조작된 것이라는 데 있다. 어떤 언술은 허용되고, 다른 언술은 허용되지 않는다. 분류, 배분, 순서를 정해서 만들어진 언술체계는 개개인을 통제하고, 지배하고, 순응시키는 데 동원된다. 국가권력은 종주국으로 치환될 수 있고, 권력담론은 식민주의라는 형태로 나타날 수 있다. 이런 점에서 푸코의 권력담론은 탈식민주의에 이론적 틀을 제공한다고 보인다.

1791년 영국의 철학자이자 법학자인 벤담은 죄수를 효과적으로 감시할 목적으로 원형감옥 판옵티콘Panopticon을 설계했다. Panopticon이란 단어는 '모두'를 뜻하는 'pan'과 '본다'는 뜻의 'opticon'의 합성어로, 번역을 하면 '모두 다 본다'는 뜻이다. 이 감옥은 중앙의 원형공간에 높은 감시탑을 세우고, 중앙 감시탑 바깥의 둘레를 따라 죄수들의 방이 배치되도록 설계되었다. 감시탑은 늘 어둡게 하고 죄수의 방은 밝게 함으로써 감시자의 시선이 어디로 향하는지 죄수들이 전혀 알 수 없도록 고안되어 있다. 죄수들은 자신들이 늘 감시받고 있다는 느낌을 가지며 결국 '훈육적 권력(disciplinary power)'에 순응하게 된다. 이런 점에서 권력은 억압적일 뿐 아니라 생산적이다.

그러나 이 원형감옥은 주목을 받지 못하다가 1975년 프랑스의 철학자 푸코가 그의 저서 『감시와 처벌Discipline and Punish』(1975)에서 판옵티콘(자동으로 작동하는 감옥)의 감시체계 원리가 사회 전반으로 파고들어 규범사회의 기본 원리인 '판옵티시즘panopticism'으로 바뀌었음을 지적하면서 새로 주목 받기시작했다. 오늘날 국가는 CCTV, 지문날인제도 , 전자주민카드 및 전자증서 등을 통해 개개인을 미시적으로 감시한다. 푸코는 권력이 우리의 몸의 구석구석을 미시적으로 지배한다는 점에서 '생체권력(bio-power)'이란 용어를 사용했다. 푸코가 시대를 앞서 이런 우려할 만한 현실을 예견했다는 생각이 든다.

사이드의 오리엔탈리즘

　푸코의 권력담론은 사이드의 오리엔탈리즘에 이론적 토대를 제공했다. 사이드는 한 국가 내에서 권력이 작동하는 방식을 동양과 서양 사이의 권력 작동방식에 적용했다.『오리엔탈리즘』(1981)에서 그는 유럽의 동양 재현행위를 '지적 폭력' 내지는 '학살'이라고 비판했다.

　문제의 심각성은 식민통치가 끝났는데도 서구는 상상 속에서 동양은 여전히 서구의 식민지, 서구의 시장으로 남게 된다는 점에 있다. 오리엔탈리즘은 보편적 진리가 아닌 허구적인 관념의 덩어리라는 사실을 입증했다. 사이드는 기존의 인식체계에 지각변동을 일으킨 장본인이다.

　이제 푸코와 사이드의 공통된 인식 및 상관성을 살펴보자. 식민지배자는 피식민지인을 감시, 훈육, 통제, 처벌함으로써 자신의 명령과 권위에 순응시키려 한다. 이를 정당화하기 위해 식민지인의 후진성과 야만성을 부각시킨다. 이런 '정형화하기'는 일방적·배타적·선별적·자의적으로 식민담론을 구성한다. 푸코와 사이드가 이분법적 구분에 토대를 둔 서구의 합리성이 초래하는 폐해에 주목했음을 알 수 있다.

　이번에는 원형감옥 내의 감시체계의 원리와 제국주의자의 감시 및 지배체계 사이의 상관성을 짚어보자. 원형감옥 내에서 감시자(식민지배자)는 유리한 조망권(특권과 힘)을 갖는다. 전후좌우, 사방팔방 모든 각도에서 죄수들을 관찰하고 감시한다. 유리한 위치에서 죄수들(식민지인들)의 모든 움직임을 바라보는 것(바라보고 있다고 그들이 생각하게끔 만드는 것)은 감시자에게 권력을 부여한다. '감시(surveillance)'란 자동적으로 개개인을 통제하기 위한 것이다. 이런 감시자의 시선은 곧 '식민지배자의 응시'가 된다.

사이드의 특징은 바로 저항정신('논 세르비암Non Serviam: 어느 누구도 섬기지 않음)이었다. 그는 "나를 사로잡은 것은 조화보다는 반대의 정신이었다"라고 했다(사이드, 『권력과 지성인』, p.26). 실제로 그는 이스라엘의 지배하에 놓인 팔레스타인들의 자치권 쟁취를 위해 투쟁했고, 이들의 민중봉기(intifata)를 지지했으며, 부시 행정부의 이라크 침공을 정면으로 비난했다.

문학연구에서 사이드는 두 가지 필요성을 제기한다. 하나는 주체적·비판적 입장에서 영문학 작품을 읽어내야 하는 필요성이고, 또 다른 하나는 텍스트 밖의 세속적 현실에 대한 관심과 참여의 필요성이다. 앎과 삶을 일치시키려고 했던 보기 드문 사람이었던 사이드. 2003년 12월에 백혈병으로 세상을 떠난 그의 빈자리가 더욱 크게 느껴진다.

반식민 저항운동가 파농

프란츠 파농Frantz Fanon(1925~1961)은 제3세계 반제국주의 운동의 기수로 평가받는다. 주목할 점은 그가 식민상태에서 독립을 쟁취하기 위한 수단으로서 폭력사용을 정당화했다는 사실이다. 그가 생각하는 탈식민화는 무력투쟁을 동원한 식민지의 해방 및 식민지인의 자기해방이다. 그가 지향했던 바는, "모두(식민지인들 혹은 대지의 저주받은 사람들)가 역사의 주체가 되고 정치의 주인공이 되는" 사회건설이었다. 예속과 차별과 불평등이 없는 세상을 꿈꾸었다는 점을 알 수 있다. "탈식민화는 새로운 인간을 창조하는 작업이다"라고 말했을 정도로 그는 자아갱생과 자아변혁을 강조했다.

프랑스령 마르티니끄 출신이었던 파농은 흑인 아버지와 백인 어머니 사이에서 혼혈로 태어났다. 그 후 그는 자신의 '모국'인 프랑스로 건너갔으며, 제2차 세계대전 때 나치에 맞서 '모국'인 프랑스군에 자원입대를 했다. 이것은 자유 쟁취란 명분을 위한 선택이었지만, 되돌아온 것은 프랑스군의 승리가 아니라 흑인으로서 겪어야만 했던 인종차별의 현실이었다. 이때 모국에 대한 그의 환상이 깨졌다. 검은 피부를 지닌 그는 마르티니끄 식민지인들처럼 흰 가면(백인 피부)을 쓰고 싶어했고, 프랑스인인 것처럼 행동했다. 하지만 이런 흉내내기가 부질없는 짓이라는 결론에 도달했다.

파농의 핵심적 사고를 정리하면 다음과 같다.

첫째, 억압당한 사람들이 자신의 영혼을 일깨우고, 상처를 치유하고, 자신을 창조하는 작업이 필요하다. 이를 위해선 무엇보다도 자신의 검은 피부를 사랑해야 한다. 그렇지 않으면 열등감의 굴레에서 벗어나기가 어렵다.

둘째, 식민지 이념과 교육은 거짓이다. 특히, 식민지의 동화정책과 모국신화는 식민지인들의 불만을 누그러뜨려 이들을 순응시키려는 전략이다.

셋째, 식민 상태에서 벗어나기 위해서는 무력사용이 정당화될 수 있다.

혼혈이면서 프랑스식 교육을 받았던 파농은 극심한 정체성의 혼란을 경험했다. 그는 흑인이자 백인, 마르티니끄인이자 프랑스인이었다. 인종차별을 겪은 그는 자신의 검은 피부를 사랑할 수밖에 없었다. 환상을 깨고 현실을 직시하려는 그에게서는 위엄과 비장함과 슬픔이 묻어난다. 그의 말을 들어보자.

태생적으로 지닌 열등감을 제거하는 것이 불가능하기에, 난 스스로를 흑인이라 단언하기로 했다. 다른 사람들이 날 인식하길 주저하기 때문에 단 한 가지 해결책만이 있다. 즉, 내 자신을 알리는 것이다.

(Bill Ashcroft, *The Post-colonial Reader*, p.324)

파농이 해방의 대상으로 삼은 것은 단지 흑인만이 아니고 식민지인들도 포함한 대지의 저주받은 사람들이었다. 이런 관점에서 본다면 파농의 사고는 보편타당성을 지니게 된다.

호미 바바

호미 바바Homi Bhabha는 인도 출신으로 사회학을 전공하는 탈식민주의 이론가이다. 파농과 사이드가 보여주었던 저항노선은 그에 이르러 정교하고 복잡한 이론, 즉 일종의 지적 유희로 흐른다. 그 이유는 뭘까. 파농과 사이드에게는 자신들의 열정을 불태울 수 있는 직접적인 정치적 현안이 있었다. 즉, 파농에게는 알제리의 독립 쟁취가, 그리고 사이드에게는 팔레스타인의 자치권과 독립이라는 구체적인 목표가 있었지만 인도가 이미 독립을 쟁취했기에 바바에게는 실천의 장이 없었다.

바바는 '정치적 해방'에 열광하지 않는다. 이 점이 그의 한계일 수 있다. 테리 이글턴도 지적하듯이, 바바는 정치적 해방, 경제적 약탈, 정의실현 등에 대해 고민하고 언급하기보다는 문화적 차이에 대해 언급하길 선호한다.

그렇다면 그가 동시대의 탁월한 탈식민이론가로서 평가받는 이유는 무엇일까. 그의 대표 저서인 『문화의 위치*The Location of Culture*』(1994)는 인종, 반식민 저항, 문명화 사명, 민족주의 등 식민주의 전반에 대한 성찰을 담고 있는 글모음이다. 그가 자신의 관점을 서술하는 '위치설정(positioning)'에 주목할 필요가 있다. 과거에는 서섹스대학, 그리고 지금은 시카고대학에서 활동하는 그는 백인 지배집단과 가난한 제3세계인들 간의 경계선에 위치하여, 두 세계에 속하면서도 동시에 비켜서 있다. 몇 가지 키워드를 중심으로 그의 이론의 핵심을 짚어보자.

첫째, '양가성(ambivalence)'의 개념을 살펴보자. 바바는 백인 식민지배자는 피식민지인 앞에서 지배욕망과 더불어 두려움을 느낀다고 주장한다. 이런 양가적 욕망이 어떻게 작동하는지 예를 들어보자. 검둥이가 추워서 떨고 있다. 이에 대한 식민지배자의 반응은 검둥이가 분노에 치를 떨고 있는 것으로 짐짓 생각한다. 이것은 백인의 불안감, 불안에 대한 편집증을 드러내는 것으로 볼 수 있다. 이런 불안은 백인의 정체성이 분열되어 있다는 증거이다. 이를 근거로 바바는 백인 정체성이 안정되고 견고하다는 파농과 사이드의 견해를 부정한다. 이는 바바의 통찰력이 빛나는 부분이다.

둘째, '잡종성(hybridity)'의 개념으로 옮겨가 보자. 식민지인의 문화적 정체성은 백지상태가 아닌 얼룩진 상처 위에 구축된다. 다시 말해, 식민지의 역사기록이란 '거듭 쓴 양피지(palimpsest)'와 같다. 이는 종이가 없던 시절 양피지에 썼던 글을 지우고 다시 써서 책을 만들던 고대의 글쓰기 방식을 의미한다. 지배자는 피지배자에게 "나를 따르라. 그러나 비슷해야만 하고, 완전히 똑같아서는 안 된다"라고 분명히 선을 긋는다. 종주국은 식민국을 지배하기 위해 피식민지인들이 종주국민을 모방하도록 요구하면서도 차별화 전략을 통해 자신들의 우월성을 인식시켜 지배의 정당성을 확보한다. 따라하기와 구별짓기라는 양가적 욕망이 작동함으로써 피지배자는 '잡종'이 된다. 양가성과 잡종성의 개념을 사용하여 통일성, 순수성 및 이분법적 구분을 넘어서려 한다.

바바가 강조하는 것은, 자아와 타자, 주인과 하인, 자국문화와 타문화의 구분이 아니라 '경계선상(borderline)' 혹은 '사이-속(in-between)' 공간이다. 이런 시각은 지배와 피지배의 이분법적 구분을 넘어서 제3의 공간을 설정하는 것이다. 식민담론이 인종적 순수성에 천착하여 인종차별주의를 정당화해왔다는 점을 고려한다면, 바바의 양가성과 잡종성 이론은 어느 정도 반식민저항의 가능성을 내포한다. 하지만 해방, 정의, 자유 등과 같은 전통적 가치로부터 멀리 떨어져 있다.

셋째, 바바는 식민지인의 '흉내내기(mimicry)'가 저항 혹은 전복의 가능성을 지닌다고 본다. 파농은 『검은 피부 하얀 가면*Black Skin, White Masks*』(1952)에서, 백인을 모방하려는 흑인의 심리를 '하얀 가면을 쓰고 자신의 정체성을 정당화하려는 행위'로 간주한다.(p.100) 반면에 바바는 흉내내기 속에 저항의 의미가 담겨 있는 것으로 파악한다.

요컨대 바바는 흉내내기를 통해 지배자의 권위를 위협하고 견고한 믿음을 뒤흔들 수 있다고 본다. 지배자는 자신들을 흉내내는 사람들이 폭동과 반란을 저지를 수 있다는 가능성에 늘 불안해한다. 바바는 이런 흉내내기라는 상징적 저항이 제국주의의 견고함을 손상시킬 수 있다고 본다.

흉내내기가 전복성을 지닌다는 점을 예를 들어 설명해보자. 서구는 문명화 작업의 일환으로 인도에 기독교를 전파했으며 인도는 이를 수용했다. 이것이 일종의 흉내내기이다. 그러나 인도인들은 기독교를 수용하는 동시에 이를 전복시켰으며 '잡종화'라는 결과를 낳았다. 인도인들은 "욕을 하는 영국인의 입에서는 신의 말이 나올 수 없다"고 말하면서 영국인 지배자를 조롱한다. 지배자와 피지배자의 위치가 서로 뒤바뀐다. 한

때 훈육과 순응의 대상이었던 피식민지인들이 저항의 주체가 될 수 있다.

바바는 한 민족 혹은 국가의 정체성과 문화가 항상 변화하며 잡종의 상태에 있다는 점에 주목한다. 그는 이런 잡종의 상태를 긴장과 양가성이 존재하는 역동적인 공간으로 파악한다. 바바가 주목하는 분열성, 불안정성, 미결정성은 포스트모더니즘의 주요 속성에 해당된다. 바바는 탈식민성(postcoloniality)을 신식민성을 일깨워주는 것으로 이해한다. 이런 점에서 그는 신식민주의 체제하에서 반식민 이론을 전개하고 있다고 볼 수 있다. 그럼에도 불구하고 그의 반식민 이론은 '한계 지워진 저항'에 불과하다는 비판을 받는다.

가야트리 스피박

인도 출신의 탈식민주의 이론가인 가야트리 스피박Gayatri Spivak은 안토니오 그람시가 사용한 용어인 '서발턴subaltern(하위주체)'의 목소리, 경험, 역사를 조명한다. 그녀는 서구 페미니스트들의 유럽적 시각이 제3세계 여성의 현실을 설명하는 데 보편타당한 것이 될 수 없다는 문제의식에서 출발하여 그들과 자신 사이의 관점의 차이를 부각시킨다. 그녀는 영국 제국주의와 인도 가부장제하에서 이중으로 억압당하는 인도 여성들이 자신들의 처지를 말할 수 없는 상황에 주목한다. 그녀가 지향하는 목표는 하위주체를 억압과 예속상태로부터 해방시키는 것으로, 하위주체를 위해 이들을 재현하거나 묘사하는 대신에, 이들에게 '말을 걸어' 스스로 목소리를 낼 수 있는 전략을 택한다.

하위주체

서발턴이란 지배계층의 헤게모니에 종속되거나 접근을 부인당한 그룹을 의미한다. 여기에는 노동자, 농민, 여성, 피식민지인 등 주변부적 부류가 속한다. 스피박이 '서발턴'이란 용어 사용을 고집하는 이유는 뭘까. 노동자, 농민, 여성, 피식민지 등 기존의 용어들은 억압체제에 저항하는 정치성을 지니기 때문에 다양한 종속적 처지를 아우를 수 없기 때문이다. 서발턴 용어 사용의 장점은 단일하고 고정된 의미와 맥락에 한정되지 않고, 상황에 따라 달리 해석될 수 있다는 데 있다. 즉, 이 용어는 계층, 인종, 젠더를 포함할 수 있을 정도로 포괄적이며 자유롭다는 뜻이다. 그러나 스피박은 불평등 해소라는 정의실천보다는 지배권력을 해체하는 데 더 관심을 기울인다. 바로 이점이 그녀의 한계이다.

스피박은 투사가 아니라 해체주의자이다. 그래서 제국주의와 민족주의라는 본질주의 담론에 반대한다. 해체전략이란 구체적인 실천의 문제가 아닌 난해한 이론의 작동이다. 그녀의 논문 「서발턴은 말할 수 있는가?」(1988)는 그녀의 고민과 전략과 사고를 담고 있다. 그녀의 논점은 전 지구적 차별과 억압의 구조하에 있는 하위주체의 목소리를 들려줘야 하는데, 이를 위해 이들에게 '말을 거는' 전략이 필요하다는 것이다.

하위주체의 예

「서발턴은 말할 수 있는가?」는 1926년 인도 캘커타에서 자살한 10대 소녀에 관한 이야기로 끝을 맺는다. 스피박은 이 소녀(하위주체)를 기억하려고 애쓰면서 이 소녀의 목소릴 들려주려 한다. 이 과정에서 스피박은 이 소녀에게 어떤 목소릴 부여하려 하지 않는다. 그 대신 이 소녀가 스스로 자신이 처한 상황을 말할 수 있도록 그녀에게 말을 거는 전략을 취한다.

하위주체의 또 다른 예로서 스피박은 인도 순장관습(Sati)의 희생자인 인도 과부여성(suttee)을 든다. 과부 순장제도는 토착엘리트(왕족)에 속하는 과부가 힌두관습에 따라 죽은 남편의 시신을 화장하기 위해 쌓아올린 불타는 장작더미 속으로 몸을 던져 함께 죽는 잔인한 의식이다(영국은 1929년 이 악습을 폐지시켰다). 여기서 과부는 인도 가부장제의 희생자이다. 그런데도 인도의 토착엘리트 남성들은 과부의 죽음을 숭고한 것으로 여길 만큼 낭만적이다. 과부의 목소리와 의식이 죽음과 더불어 침묵 속에 묻혀버린다는 데 문제의 심각성이 있다. 스피박은 어떻게 하면 이 과부의 목소릴 온전히 복원하여 들려줄 것인가에 관심을 기울인다.

스피박은 「세 여성 텍스트와 제국주의 비판」에서 샬롯 브론테의 『제인 에어Jane Eyre』(1847), 진 리스의 『드넓은 사가소 바다Wide Sargasso Sea』(1966), 그리고 메어리 셸리의 『프랑켄슈타인Frankenstein』(1818)을 논한다. 스피박은 '페미니즘의 경건한 텍스트'로 높이 평가받는 『제인 에어』가 제3세계 여성들을 배제하고 있음을 밝힌다. 그녀는 서구 페미니스트들이 『제인 에어』를 가부장제하에서 여성의 독립을 다룬 작품으로 높이 평가하는 데 문제를 제기한다. 이들은 버사 메이슨Bertha Mason(남편 로체스터가 앙뜨와네뜨Antoinette란 본래 이름을 버사 메이슨으로 개명시킨다)이 억압과 감금 상태에서 벗어나기 위해 집안에 불을 지르는 행위를 가부장제에 맞선 저항의 상징으로 본다. 그러나 스피박은 제3세계 여성의 삶을 외면하면서 제1세계 여성의 독립을 예찬하는 서구 페미니스트들과, 크레올 여성 버사 메이슨을 인간이 아닌 짐승으로 묘사하는 제국주의의 발상을 비판한다. 스피박은 사이드의 제국주의의 비판정신을 이어받고 있지만, 사이드의 남성중심적 시각을 넘어선다.

하위주체에 말 걸기

진 리스는 소설 『드넓은 사가소 바다』에서 샬롯 브론테의 『제인 에어』를 탈식민주의 입장에서 되받아 썼다. 그녀는 "나는 그녀(버사 메이슨)에게 하나의 삶을 써 주도록 하겠다"라고 말했다. 리스는 다락방 속에 갇힌 '미친' 여자를 인간으로 이해하고, 그녀를 억압에서 해방시키고, 그녀의 목소릴 복원하는 시도를 한다. 이것이 스피박이 리스에 매료된 까닭이다.

스피박은 '누가 어떻게 탈식민화를 하는가?'라는 문제에 천착한다. 그녀는 인도의 여성운동가·작가인 데비의 작품들 중 단편 세 편을 벵골어에서 영어로 번역하여 '상상의 지도'라는 제목을 붙여 발간했다. 단편 가운데 하나인 「아낌없이 베푸는 도우로티Douloti the Bountiful」에서는 자신을 매음굴에 맡길 수밖에 없었던 처녀 도우로티가 착취와 질병 속에 죽어가는 모습을 제시한다. 도우로티는 인도 독립기념일에 피를 토하며 성병으로 망가진 몸으로 큰 지도 위에 쓰러져 죽는다. 스피박은 인도라는 '국가적 정체성'의 일부로 정의되지 않고 제외된 도우로티라는 한 주변부 여성의 삶을 조명한다. 도우로티라는 사례가 우리에게 무슨 의미를 갖는가. 스피박의 이야기를 들어보자.

　도우로티는 노동을 파는 것이 아니다. 그녀는 몸을 파는 존재이다. 상품으로서 자신의 가격을 스스로 결정하지 못하며 상품을 산출할 수도 없는 존재이다. 따라서 그녀는 노동자도 인간적 주체로서의 존재도 아니다. 전적으로 타자에 의해 결정되는 존재이다. 그녀는 스스로의 몸으로부터 철저히 소외되어 있다. 이런 점에서 그녀는 사회에서 배척된 존재이다.

　(Spivak, *Woman in Difference: Mahasweta Devi's 'Douloti the Bountiful'*, p.103)

도우로티는 자본주의 구조 속에 포획된 동시에 그로부터 완전히 소외되어 있다. 스피박은 하위주체가 처한 위치와 이들에게 강요된 침묵의 문제를 따져든다.

윤리적 개별성

그렇다면 스피박이 우리에게 주문하는 것은 뭘까. 그녀는 모든 제도적 장치를 넘어 도우로티와 '내밀한 만남'을 갖길 요구한다. 개인과 개인의 만남에서 책임과 의무에 바탕을 둔 윤리성이 확립되길 주문한다. 스피박은 이를 '윤리적 개별성(ethical singularity)'이라 부른다. 이 용어는 전 지구화 구조 속에서 희생될 수밖에 없는 것(존재)에 귀를 기울이고 존중하려는 노력을 의미한다. 윤리적 관계의 정립을 요구하는 스피박의 논리를 쉽게 설명하는 글을 인용해보자.

사랑이란 바로 노력이다. 그것은 매우 세세하게 상대방에 귀 기울이는 것이며, 양쪽의 마음이 변하는 것이고, 순간적으로 나마 실천될 수 있는 윤리적 개별성의 실현 가능성 속에서 이루어진다. 이를 통해 집단적 노력이 법, 생산관계, 교육체제, 그리고 의료체계를 바꾸게 될 것이다. (중략) 윤리적 개별성이란 비밀스런 만남이라고 불릴 수 있다. 이것은 양쪽으로부터 반응이 있는 경우 가능해진다.

(Spivak, *A Critique of Postcolonial Reason*, pp.383-384)

윤리적 개별성을 확립하는 방법으로 스피박은 문학읽기를 강조한다. 문학읽기는 현실개입과는 다소 동떨어진 전략이다.

스피박의 문제점

스피박의 장점은 해체전략을 통해 본질주의의 덫에 빠지지 않으려는 데 있다. 하지만 이런 전략은 급진적이거나 저항적이지 못하다. 스피박과 의견 차이를 보이는 구하Ranajit Guha는 이른바 '민중의 정치학'을, 그리고 패리Benita Parry는 '반대성'을 강조한다. 하지만 스피박은 하위주체가 '자율성'을 갖는다는 그람시의 주장을 일축한다. 스피박은 하위주체의 저항의 가능성을 인정하지 않는다. 즉, 하위주체가 지배담론의 틀 속에 갇히게 되면서 전투성, 저항성, 반대성이 작동하지 못한다는 것이다.

스피박은 "비평가는 제국주의 통치의 옛 기록에 눈을 돌려야 한다"고 말할 만큼 텍스트를 문제 삼고, 텍스트의 의미를 해체하는 데 관심을 갖는다. 하지만 불평등을 시정하려는 현실개입과 전복성이 상당히 결여된 느낌이다.

왜 구하는 스피박의 견해를 비판하는가. 구하는 인도 민족의식 발전과정에서 민중의 기여를 인정하지 않고 토착엘리트의 기여만을 인정하는 학계의 시각의 불균형을 비판했던 장본인이다. 구하는 인도의 민족주의 형성과정에 관한 역사기록은 엘리트주의(식민지배자의 엘리트주의와 토착엘리트주의가 포함

된다)에 의해 지배를 받아왔으며, 이것이 영국 식민주의의 산물이라는 점을 지적한다.

대안으로서 구하는 민중의 정치학(예를 들면 민중봉기)이 인도 민족주의 형성에 중요한 역할을 담당했다고 주장한다. 구하가 주도한 『서발턴 연구*Subaltern Studies*』는 이런 비판의 목소리를 담아냈다. 그런데 스피박은 구하가 시도하는 민중중심의 역사기록이 '민족주의' 혹은 '저항주의'라는 본질주의의 오류를 범한다고 비판한다. 스피박은 하위주체가 본질주의에 따라 행동할 경우 고립되는 상황을 우려하고 경계한다.

그럼에도 불구하고 스피박의 복잡하고 정교한 이론은 인도가 아닌 제1세계 독자와 학계에서 더 큰 관심과 호응을 불러일으켰다. 이런 사실은 그녀의 이론이 지적 유희에 더 가깝다는 사실을 뒷받침해준다. 바바의 작업처럼, 그녀의 작업도 '한계 지워진 저항'에 불과할 수 있다.

탈식민주의 ^{독법}

독법

디포우의『로빈슨 크루소』

다니엘 디포우Daniel Defoe(1660~1731)의 『로빈슨 크루소 *Robinson Crusoe*』(1719)는 흥미진진한 표류기로 알려져 있지만 탈식민주의 입장에서 보면 백인 식민담론이 작동하는 문제가 많은 텍스트이다. 먼저 줄거리를 간단히 살펴보자. 상인의 아들인 크루소가 항해를 떠난다. 한때 해적선의 노예가 되지만, 탈출에 성공하여 노예무역을 시작한다. 그러던 중 풍랑을 만나 남아메리카의 오루노코 강어귀에서 멀지 않은 무인도에 표류하게 되고 고립생활이 이어진다. 크루소는 처형 위기에 처한 원주민을 구해준 후 그를 하인으로 삼는다. 그 후 선상반란으로 포로가 된 영국선장을 도와 반군을 진압한 다음, 반군을 섬에 남겨두고 28년 만에 영국으로 귀환한다. 조국에 돌아온 그는 자신의 재산이 온전히 보존되어 있음을 확인한다.

그렇다면 탈식민주의 입장에서 이 작품을 읽을 경우 주요 쟁점이 무엇인지를 살펴보자.

첫째, 크루소는 돈벌이를 위해 식민지를 개척하고 노예무역을 한다. 이것은 도덕적으로 온당치 못한 일이다. 크루소는 자신을 구해준 포르투갈 선장에게 자신을 도와주었던 동료노예 쥬리Xury를 팔아넘긴다. 영악한 상업혼이 드러나는 부분이다.

둘째, 크루소는 무인도에서 신의 섭리를 확인한다. 그는 난파된 배에서 식량, 무기, 성경을 꺼내오는데 이것들은 생존을 위한 필수품들이다. 무기는 외부의 위협으로부터 자신을 보호하기 위한 것이고, 성경은 고립과 시련 속에서 정신적 버팀목으로 삼기 위한 것이다. 사료자루 부대를 털자 밀 이삭이 나오고 이를 심자 싹이 자라는 기적을 체험한다. 식량을 계속 조달할 수 있다는 점을 깨닫게 된 순간 그는 신의 섭리를 확인한다. 무인도에 밀을 심고, 영국인 반군들이 남게 되면서 이곳은 영국의 영토(식민지)가 된다. 이런 성공담을 접한 영국인들은 식민지 개척의 욕망을 계속 갖게 된다.

셋째, 크루소는 원주민을 '문명화'시키려 한다는 점에서 식민주의자이다. 그는 금요일에 만난 한 원주민에게 '프라이데이'란 이름을 붙여주고, 영어와 기독교를 가르치면서 그를 '문명화'시키려 한다. 원주민들을 식인종으로 취급하고, 원주민의 종교와 의식을 미신과 야만풍습으로 간주하는 것은 서구식 일방주의의 실행이다.

탈식민주의 관점에서 본다면 크루소는 자급자족하는 위대한 모험가가 아니다. 그를 영웅으로 미화시키는 것 자체가 문제가 된다. 크루소는 자신과 원주민 사이의 차이를 부각시키면서 자신의 우월성, 좀 더 넓게는 백인문명과 기독교문명의 우월성을 드러낸다. 디포우는 이런 식민담론을 텍스트 속에서 구현하고 있는데, 비서구 독자 입장에서는 작품 속에 내재한 이런 식민담론을 비판적으로 읽어낼 필요가 있다.

18세기 영국소설 『로빈슨 크루소』에 드러난 원주민을 지배하는 방식과 식민지를 만드는 과정은 19세기 말에서 20세기 초에 이르는 식민주의의 속성을 잘 예증한다. 그 주요 속성으로는 원주민을 노예로 만들기, 식민지 영토 확보, 원주민 노동력 착취, 주인의 언어(영어)와 종교(기독교) 보급을 통한 헤게모니 장악을 꼽을 수 있다.

『로빈슨 크루소』 되받아 쓰기 −존 쿳시의 『포우』

존 쿳시John Coetzee(1940~)는 2003년도 노벨문학상을 받았다. 그는 네덜란드계 남아프리카공화국의 백인(Afrikaner)이다. 남아프리카공화국은 아파르트헤이트Apartheid(인종차별)로 인해 흑백의 갈등과 대립이 첨예했던 일명 '살인(공)장'이었다. 지배자들은 백인과 흑인 또는 유색인종 사이의 결혼을 금지하는 법률도 만들어서 시행했다. 이러한 남아프리카공화국에서 인종차별을 철폐하려 노력했던 데스몬드 투투 주교와 넬슨 만델라 대통령은 노벨평화상을 받았고, 글쓰기를 통해 차별적 현실을 부각시켰던 나딘 고디머와 존 쿳시는 노벨문학상을 받았다.

고디머와 쿳시는 인종차별의 허구성과 야만성을 폭로하는 공통점을 지니면서도 서로 다른 전략과 글쓰기를 추구한다. 고디머는 '소설을 통해 정의를 실현할 수 있다'고 믿고 부조리한 현실을 직접적으로 고발한다. 그녀의 신조는 이른바 '볼레카자(모두 나가 싸우자)'이다. 그녀는 자신이 속한 사회 속에서 책임과 참여를 감당하려 한다.

반면에 쿳시는 정의실현보다는 진실을 말하려 한다. 그가 즐겨 사용하는 방식은 단도직입적인 직설화법이 아니라 알레고리 방식을 통한 간접적인 화법이다. 고디머가 전투적이라면, 쿳시는 성찰적이다. 쿳시는 남아공화국에서 벌어지는 식민지 배자와 피식민지인, 백인과 흑인 등의 대립을 '지배와 예속의 대립'이라는 보편적 상황으로 형상화한다.

이제 『로빈슨 크루소』를 탈식민지 입장에서 되받아 쓴 쿳시의 『포우Foe』(1986)에서 나타난 반식민적 요소를 살펴보자.

첫째, 쿳시는 크루소를 합리적 주체, 독립적 개인으로 보길 거부한다. 대신 그는 크루소를 독재자, 인종차별주의자, 태만한 인간으로 간주한다. 프라이데이의 절단당한 혀는, 비록 크루소 자신이 저질렀다고 단정할 수는 없으나, 백인들이 저지른 잔인성을 단적으로 상징한다. 쿳시는 백인이 자애로운 보호자가 아니라는 점을 말한다.

둘째, 쿳시는 혀를 거세당한 프라이데이가 스스로 말할 수 있도록 허용한다. 이것은 타자를 억압에서 풀어주려는 의도를 반영한다. 프라이데이는 침묵을 하거나 비언어적 형태인 춤, 노래, 제스처, 콧노래, 비명, 손짓 등을 통해 의사소통을 한다. 이것은 "타자가 스스로 말할 수 있도록 하라"는 스피박의 명제와도 통한다. "인간의 무의식은 언어로 구조화되어 있다"는 라캉의 주장처럼, 타자에게도 무의식의 언어가 존재한다. 무의식의 영역은 쓸모없는 이른바 '검은 대륙'이 아니다.

『포우』제4장에서 영국인 여성화자인 수전 바튼Susan Barton 과 그녀의 이야기를 대필하는 작가인 포우가 죽는다. 익명의 화자는 프라이데이의 입에 귀를 대고 그의 내면의 목소리를 (무의식의 작동을) 듣는다. 프라이데이의 몸은 깊은 바다 속에서 물줄기를 통해 말을 한다. 바다는 그의 고향이며, '바다 속'이라는 비현실적 공간 속에서 그는 자신만의 언어로 말을 한다. 프라이데이의 내면공간(무의식)은 이성에 의해서 재현될 수 없는 공간이다.

혀를 잘린 프라이데이가 스스로 말할 수 있다는 것은 대단한 역설이다. 프라이데이가 보여주는 비언어적 형태는 재현을 거부하는 저항의 몸짓이다. 쿳시는 백인의 이성적·논리적 접근방식이 지닌 결함과 한계를 들춰낸다. 다만 타자의 시선과 목소리를 되살리고 백인의 횡포와 잔인성을 지적함에 있어서 추상적이며 은유적인 방식을 즐겨 사용하는 것이 문제이다.

셋째, 프라이데이의 거세당한 혀가 잘 말해주듯, 백인의 폭력성은 당연히 비판의 대상이 된다. 백인(주인)이 타자의 개별성을 존중하지 않고, 일방적으로 타자를 길들이고, 교육시키는 것은 폭력이다. 수전 바튼이 프라이데이를 아프리카로 되돌려 보내려고 시도하는 것은, 타자를 재현하는 시도의 실패를 인정하는 것이다.

넷째, 백인 화자들(수전 바튼과 대필작가 포우)이 혀를 잘린 프라이데이의 입장을 재현하려는 모든 시도는 거짓이 된다. 수전 바튼은 프라이데이에게 영어를 가르치는 데 실패한다. 그녀는 자신의 이야기(프라이데이의 불행한 삶을 소재로 삼은 표류기)의 대필을 전문작가인 포우에게 의뢰함으로써 생계비를 마련하고자 한다. 그러나 대필작가도 프라이데이에 관한 진실을 전달할 수가 없다. 그는 수전 바튼의 이야기에 허구와 재미를 가미해서 상업적 성공을 거두고 싶어하기 때문이다. 쿳시는 백인 화자들의 언술과 재현을 불신하고, 거부하고, 조롱한다. 이런 방식을 통해 그는 식민담론을 거부한다.

전문 대필작가인 포우는 진실보다는 돈벌이에 더 관심을 지닌 속물주의자이다. 그는 프라이데이의 불행한 삶을 소재로 수전의 표류기를 제멋대로 가공한다. 해적과 식인종을 등장시키고, 딸을 찾아 나선 한 여인의 여정을 다룬 이야기로 가공하여 상업적 성공을 꾀한다. 대필을 의뢰한 수전도 생계비를 마련하고자 필사적이다. 돈이 중요한 문제임을 알 수 있다. 그런데 돈벌이를 위해 진실이 거짓(허구)과 뒤섞인다는 사실에 문제의 심각성이 있다. 글쓰기가 상업주의와 결탁함으로써 진실이 상당부분 왜곡됨을 알 수 있다.

제목 '포우'는 '적(enemy)'이란 뜻이다. 이 제목은 소설 속 대필작가의 이름과 똑같다. 그렇다면 왜 그의 이름이 포우일까. 아마도 타자에 관한 이야기의 진실을 왜곡한다는 점에서 그가 적이 된다는 점을 암시하는 것 같다. 아울러 원주민의 입장에서 볼 때 자신들의 적은 바로 백인이다. 좀 더 넓은 시각에서 보면, 제목 '포우'는 백인을, 즉 적을 향한 타자의 분노와 저항의 표출이라는 의미를 담고 있다. 『로빈슨 크루소』에서 포우는 백인지배의 정당성을 피력했었지만, 『포우』에서 쿳시는 이런 시각을 완전히 뒤집는다. 쿳시의 『포우』는 비백인의 입장에서 주체적이며 비판적으로 영문학을 연구하는 탈식민 독법의 좋은 예를 제공한다.

조지 오웰

영국 작가들 중 자국 밖에서 벌어지는 제국주의와 식민주의의 타락과 폐해를 비판하거나 종주국과 식민국 사람들 사이의 우정과 화해를 모색한 사람들이 있다. 전자의 경우에는 조지 오웰George Orwell(1903~1950)이, 후자의 경우에는 E. M. 포스터가 해당된다. 식민주의를 비판하고 나선 이 백인 작가들이 식민주의를 용인하는 자기당착에 빠지는 경우를 살펴보자.

오웰은 개인의 자유를 억압하는 전체주의를 비판했던 작가로 잘 알려져 있다. 오웰은 1903년 인도의 벵갈지역에서 영국인 부모 사이에서 태어났으며 영국 이튼 칼리지를 다녔다. 대학 졸업 후 미얀마로 가서 하급경찰로 1921년부터 1927년까지 6년 동안 근무했다. 말하자면, 제국의 경찰(식민화의 앞잡이)로서 공무를 수행하면서 제국주의의 모순과 폐해를 목격했다는 것이다. 그렇다면 영국과 미얀마 사이에서 그가 취한 입장은 무엇이었나.

오웰은 개인주의적·자유주의적 입장을 취했다. 물론 이런 입장이 객관적인 시각을 확보하는 데 도움이 된 측면도 있었으나, 피식민지인들의 반식민운동을 적극 옹호하는 정도는 아니었다. 제국주의에 대한 그의 인식과 비판은 자유주의적 상상력의 범주 내에서만 작동을 했다. 저항, 해방, 독립을 지지하거나 쟁취하기 위한 구체적인 실천은 보여주질 못했다는 점이 그의 한계다.

오웰의 대표적인 단편소설인 「코끼리를 쏘다Shooting an Elephant」(1936)에 드러난 오웰의 양가적 감정, 식민주의를 비판하면서 포섭당하는 측면을 짚어보자. 먼저 소설 속의 사건을 간단히 살펴보자. 코끼리 한 마리가 발정이 나서 우리를 탈출하여 난리를 피운다. 종국에서 영국인 하급경찰이 이를 총으로 쏘아 죽인다. 이 장면을 보고 원주민들은 코끼리 고기를 얻을 기대감에 잔뜩 부풀어 있다.

그렇다면 중요한 두 가지 질문이 생긴다. 왜 영국 경찰은 진정국면에 들어선 코끼리를 굳이 총으로 쏘아 죽이는가. 왜 원주민들은 저항능력이 없는 한심한 존재로 그려지는가. 오웰은 한가로이 풀을 뜯고 있는 코끼리에 총을 겨누어 방아쇠를 당겨야 한다는 압박을 받는 영국인 경찰이 식민체제 내에서 개체성과 자유를 상실한 채 어쩔 수 없이 행동하는 모습을 조명한다. 이를 통해 오웰은 제국주의가 개인에게 가하는 강압성과 폭력성을 고발한다.

하지만 오웰은 반식민저항 운동을 통해 제국주의가 종식되어야 한다는 목소릴 분명하게 내고 있지는 않다. 또한, 그는 원주민들을 미개하고, 더럽고, 코끼리 고기를 먹는 저급한 동물로 여긴다. 오웰이 오리엔탈리즘을 실행하고 있다는 증거다. 제국주의가 개인들에게 끼치는 비인간적·파괴적 영향을 비판하고는 있으나, 오웰은 이렇듯 인종차별주의를 드러낸다. 그는 개인의 윤리적 결단과 자유주의를 중시하는 철두철미한 개인주의자이며 서구중심적 시각을 지닌 작가다.

E. M. 포스터

E. M. 포스터(1879~1970)는 소설 『인도로 가는 길A Passage to India』(1924)의 저자로 잘 알려져 있다. 데이비드 린 감독에 의해 영화로 만들어져 전 세계에 보급된 이 작품은 배를 타고 식민지 인도에 간다든지 그곳에서 코끼리 등에 올라타고 나들이를 간다는 것, 인도를 보고 싶다는 것, 인도를 정복하고 싶다는 것, 그래서 인도가 영국의 식민지라는 사실을 확인해보

고 싶은 욕망을 낳는다. 포스터는 1912에서 1913년 사이에 그리고 1921년에 인도를 방문했던 경험을 토대로 이 작품을 썼다. 포스터는 식민지 인도에 대한 환상을 부추기는가. 아니면 식민통치의 종식을 주장하는가. 이 점을 따져보자.

『인도로 가는 길』에서 포스터는 영국인 필딩 교장과 인도인 의사 아지즈 사이의 우정과 화해의 가능성을 탐구한다. 그가 추구하는 비전은 서로 다른 인종과 문화권에 속하는 사람들 사이의 우정, 공감, 배려, 존중의 필요성이다. 이런 가치관은 '자유인본주의(liberal humanism)'가 추구하는 가치와 맞닿아 있다. 그런데 포스터가 비판을 받는 지점은, 개인의 자유로운 상상력 추구가 인도인의 '저항을 통한 영국의 식민지배 종식'이라는 구체적인 실천과 동떨어져 있다는 사실이다. 비록 그가 대영제국의 식민지 경영자들의 태도를 비판한다 할지라도, 영국 제국주의 자체를 부정하지는 않는다.

탈식민주의 입장에서 포스터의 자유인본주의적 입장을 비판하는 것이 가능하다. 포스터는 영국 제국주의의 종식도 인도인들의 반식민적 저항도 적극적으로 옹호하지 않는다. 양비론은 객관성을 지향하는 것처럼 보인다. 하지만 이런 객관성 이면에는 제국주의 통치의 현상을 유지하려는 의도가 깔려 있다. 오웰이 비판의 대상으로 삼는 것은, 영국 식민주의 자체가 아니라 영국 식민지 경영에 걸림돌이 되는 요소들, 예를 들면, 오만한 영국 식민지 관료들과 비협조적인 인도인들인 것이다.

포스터의 자유인본주의적 태도가 크게 문제가 되는 까닭은

1924년에 출판된 이 소설이 인도에서 저항적 민족주의가 감지된 1920년대의 구체적인 역사와 정치현실을 배제하고 있다는 사실이다. 왜 포스터는 인도의 저항적 민족주의 현실을 외면하고 화해의 필요성을 강조했던 것일까. 영국인 지배자의 입장에서 인도를 바라보고 있기 때문이다. 따라서 서구의 그럴싸한 자유 인본주의에 현혹당하지 않는 것이 중요하다. 예속상태에서 해방이 먼저이고, 상호간 우정과 화해는 나중 일이다. 그런데 포스터의 경우에는 순서가 뒤바뀌어 있다.

살만 루시디

살만 루시디Salman Rushdie(1947~)는 인도 봄베이의 부유한 회교도 가정 출신으로 14세 때 영국의 퍼블릭 스쿨에 입학하여 케임브리지 대학에서 역사학을 공부했다. 그가 휘두르는 비판의 칼은 양날이다. 그가 회교도 근본주의와 영국의 인종차별주의를 모두 비판하기 때문이다. 인도계-미국거주-영국작가 등 연계문자(-)로 연결된 잡종의 정체성을 지닌다.

또한 루시디는 특정 종교와 이념에 얽매이지 않고 자유롭게 비판의 목소리를 내는 투사형 문인이다. 그는 다문화주의와 세속화 시대에 회교도 근본주의와 영국의 인종차별주의가 모두 독이 된다고 본다. 성역과 금기에 도전하는 그의 작가 정신이 빛을 발한다. 그렇다면 그에게 글쓰기란 무엇을 의미하는가. 그는 "난 무엇보다도 글쓰기가 정치적 행위라는 점을 말해야만 한다. 세상을 재묘사하는 것은 세상을 변화시키기 위해 필요한 첫 단계이다."(Rushdie, *Imaginary Homelands*, p.14)라고 말했다. '재묘사'란 권력과 권위를 지닌 사람들이 만들어낸 공식적 설명(예를 들면, 이데올로기)에 균열을 내고 전복을 시키는 것을 의미한다.

루시디는 종주국 영국에서 교육을 받고 작가로서 성공을 거두었지만, 영국에 대한 감정이 좋지 않다. 영국정부와 언론이 자신의 구명운동에 소극적이었으며, 자신을 '성가신 외국인' 정도로 취급했던 점에 강한 불만을 드러냈다. 『악마의 시 *The Satanic Verses*』(1989)에 드러난 인종차별주의적인 요소를 짚어보자. 살라딘 참차Saladin Chamcha는 영국의 시민권을 갖고 영국 여성과 결혼까지 한 사람이다. 그런데 그가 탄 영국행 비행기가 영국 상공에서 추락 사고를 당하게 되면서 수난을 겪는다. 비록 살아남지만 그는 머리에 뿔이 달린 동물(염소 혹은 반인반수)로 변한다. 그의 환생과 변신은 황당한 이야기로서 독자를 즐겁게 한다. 그런데 친영파인 살라딘은 뿔이 달렸다는 이유로 악마 취급을 당하며 영국으로부터 차별과 배신을 당한다. 이런 황당한 이야기를 설정함으로써 루시디는 이민자의 인권을 유린하는 영국정부의 실상을 보여준다.

인종차별이 시한폭탄과도 같다는 인식과 우려는 2005년 7월 7일에 발생한 런던 지하철 테러를 통해 현실화되었다. 앞서 언급했듯 런던 테러의 범인들 4명은 모두 영국에서 태어나고 성장한 회교도인들이었다. 외부자가 아닌 내부자의 소행이라는 점에서 이 사건은 영국사회에 커다란 충격을 안겨주었다. 이들의 영국거주는 영국 식민통치가 남긴 유산이다. 이들의 아버지 세대는 1950~1960년대 값싼 노동력을 필요로 했던 영국 북부의 공장지대로 이민을 왔다. 아버지 세대와 달리 이들은 영어를 구사할 줄 알고 영국 시민권도 얻었으나, 영국에서 이렇다 할 직업을 얻거나 주류사회로 진입할 수 없었다. 이런 불만과 더불어서 영국의 이라크 침공은 영국에 대한 이들의 반감을 더욱 자극하여 자살테러로 이어졌다.

런던 테러 후 영국정부는 테러 용의자를 기소하지 않고 구금할 수 있는 기간을 현행 최대 14일에서 28일로 늘리는 조치를 취했다. 이것은 9·11 뉴욕 테러 이후 미국정부가 외국인 입국자들의 보안검색을 강화하고 지문날인을 요구하며 인권을 침해하는 것과 일맥상통한다. 블레어의 '반테러법'은 1981년 대처수상이 이민자의 급증을 우려하여 출생과 더불어 자동적으로 부여되던 시민권(속지주의)을 폐지하는 것을 골자로 한 국적법(The National Act)의 시행과 연장선상에서 이해할 수 있다. 반테러법과 국적법은 종주국의 인색함과 차별주의를 드러낸다.

성찰과 ^{전망}

이제 문화연구로

오늘날에는 문화 제국주의와 미국의 패권주의가 위력을 발휘한다. 영어와 자본 및 군사력은 헤게모니를 장악하는 주요 수단이다. 특히 미국의 방송, 영화, 자본, 군사력이 막강한 위력을 발휘한다. 이에 맞선 저항적 민족주의가 대안인가. 아니면 이런 닫힌 민족주의가 세계화에 걸림돌이 되기에 폐기되어야 하는가. 신제국주의 상황에 어떻게 대처할 것인가란 과제가 남는다. 필자는 민족주의가 (신)제국주의라는 억압적·약탈적 이데올로기에 맞선 저항력으로서 일정지점까지는 유효하다고 본다. 탈민족주의만이 대안이라는 주장은 나이브한 발상이다.

먼저, 왜 영어(영문학)를 공부하는가에 대한 비판적 성찰이 필요하다. 영어(영문학)는 제국주의 이념을 교육하고 전파하는 주된 매개체이다. 영어제국 건설의 일꾼도 아닌 우리가 왜 영어를 배우려고 아우성인지에 대한 진지한 고민과 성찰이 요구된다. 또한 영문학연구에서 문화연구로의 전환 역시 필요하다. 문화연구는 권력은 어떻게 생겨나고 유지되며, 희생자들이 어떻게 저항하고 자신들의 목소리를 내며, 지배와 종속이란 힘의 역학관계가 어떻게 작동하는지를 체계적으로 조명하려는 시도이기 때문이다.

한국의 영문학계는 기존의 영문학 교육의 현실을 반성적으로 성찰하고, 무엇을 어떻게 가르칠 것인가에 대해 계속 고민해오고 있다. 한국비평과 이론학회는 '탈식민, 제국, 세계화'란 주제로 워크숍을 진행했고(2005.8), 한국영미교육학회도 '한국의 영문학 교육과 탈식민주의'라는 주제로 학술대회를 개최하는(2005.10) 등 탈식민주의와 문화연구는 우리 곁에 한층 다가와 있다. 영문과 교과과정도 탈식민주의 이론과 문학을 반영하는 쪽으로 적극 개편되어야 한다. 우리와 비슷한 (탈/신)식민의 역사를 지닌 제3세계권 문학이 한국 학생들과 연구자들에게 큰 공감을 불러일으키는 것이 사실이기 때문이다.

왜 저항적 민족주의인가

저항적 민족주의는 (신)제국주의에 맞설 수 있는 가장 효력 있는 역담론이다. 민족주의는 저항성과 실천성이란 장점을 지 녔지만, 폐쇄성과 배타성이란 단점 또한 지닌다. 세계화와 다 문화주의 시대에 민족주의의 유효성을 둘러싼 논쟁이 뜨겁다. 왜 닫힌 민족주의를 비판하는가. 저항적 민족주의가 설 자리 는 없는가. 민족국가와 민족공동체는 해체되어야만 하는가.

민족주의가 득인가 독인가를 살펴보자. 국내외 학자들의 민 족주의에 대한 비판적 시각을 검토해보자. 임지현은『민족주 의는 반역이다』(1999)에서 한 나라의 역사, 즉 국사가 민족주 의란 틀 속에 갇히게 될 때 결국 역사는 진실이 아닌 허구적 신화가 된다고 주장한다. 맞는 말이다. 탁석산은『한국의 민 족주의를 말한다』(2004)에서 세계 시민국가로 나아가는 현 시 점에서 민족주의를 폐기해야 한다는 과감한 주장을 내놓는다.

인도 출신의 학자인 두아라는 "민족주의는 독이다"라고 주 장하면서 '성찰적 민족주의(reflective nationalism)'의 필요성을 제기했다. 그는 민족주의 및 민족국가는 "자아와 타자를 구분 해 안팎의 적을 만들어 배제시키는 '독'을 품고 있다"고 주장 한다. 민족의 독립과 해방에 견인차 역할을 담당했던 민족주 의가 일종의 죄악('좌파' 혹은 '국수적' 이데올로기)으로 취급당 하는 상황이 벌어지고 있음을 알 수 있다.

그렇다면 탈민족주의 혹은 민족주의의 해체가 과연 바람직 한 것일까. 그렇지 않다. 물론 '퇴행적 민족주의'(즉, 민족주의 를 이용하여 독재를 하는 경우)'는 비판받아야 한다. 하지만 '저 항적 민족주의'를 폐기하는 것은 지극히 나이브한 발상이다.

저항적 민족주의는 폭력적·배타적이어서 나쁘다는 것은 지배자의 논리이다. 왜 지배자가 전혀 반성을 하지도 않는데 피지배자가 폭력을 사용해서는 안 되며 죄의식을 가져야 하는가.

최근(2006) 한국에서 『해방 전후사의 재인식』이 탈민족주의를 부르짖는 우파 필진들에 의해서 출간되었다. 이들은『해방 전후사의 인식』의 좌파적 시각이 국민통합과 나라발전에 걸림돌이 된다고 보고『해방 전후사의 재인식』을 출간했다고 한다. 국민통합과 나라발전을 위해서 민족주의를 폐기해야 한다고 주장한다면, (신)제국주의의 침투와 작동에 대해서는 속수무책이다. 일본이 역사교과서의 내용을 계속 왜곡하는 현실에 맞서 우리는 계속 '자아성찰'만 해야 하는가.

'객관적' 혹은 '균형 잡힌' 시각에서 민족주의와 식민주의에 접근하는 것도 문제이다. 이분법을 탈피, 해체론적으로 접근하여 이른바 '진실'을 규명하려는 시도는 제아무리 정교한 이론을 동원한다 해도 결국 박제된 지식만 남게 되어 영혼과 열정이 없다. 서구 지배자를 따라 한국의 민족주의와 일제의 식민주의를 바라볼 경우, 그들의 시각에 갇힐 위험성이 높다.

임지현과 박지향의 논리를 검토해보자. 박지향은 일제시대에 대한 포괄적 판단의 필요성을 제기한다. 그녀는 해체주의자 입장에서 식민지배를 친일과 반일로 도식화하는 것을 벗어나 진리의 중층적인 구조를 밝혀내려 한다. 그녀는 식민지배에 적극적인 협력자, 주저하는 협력자, 지배자를 증오하면서도 선망했던 종속민들로 나눈다. 이는 이분법적 잣대를 탈피하여 역사의 스펙트럼을 넓히는 측면이 있지만 식민주의가 시혜적인 것은 아니라는 점을 희석시킬 수 있다. 즉, 피해자의 입장에서 역사를 바라보고 평가하려는 자세가 부족하다는 생각이 든다. 박지향이 필진으로 참여한 『해방 전후사의 재인식』은 '좌파' 혹은 '국수적' 민족주의를 정면으로 비판하면서 해방 전후사를 바라보는 시각의 교정을 요구한다. 그러나 약탈적·혐오적 집단주의인 (신)제국주의에 맞선 저항적 민족주의가 왜 나쁜지를 따져 묻고 싶다.

임지현의 논리도 문제가 없진 않다. 그는 국사가 닫힌 민족주의 시각에 입각하여 기술되면 허구적 신화가 될 수 있다고 주장한다. 옳은 말이다. 하지만 저항적 민족주의의 기능과 중요성을 폄하하는 그의 역사의식을 의심하지 않을 수 없다. 극우 민족주의 사관을 경계해야 한다는 것은 너무나 당연하다. 물론 그가 우려하는 바처럼 히틀러의 나치즘처럼 특정집단이 민족주의 담론을 독점하는 경우에는 개인의 자유와 인권이 억압을 당하는 비인간화가 생겨날 수도 있다. 그럼에도 불구하고 박지향과 임지현은 서양사를 전공하는 까닭에 서구 지배자의 시각과 틀에 너무 기대고 있는 듯하다.

탁석산이 내세우는 세계시민론도 신식민주의가 작동하는 현실 속에서 나이브하게 여겨진다. 세계화가 미국에 의한 획일화를 의미하는 것이라면, 그의 민족주의 해체론은 무책임하다. 자유주의연대 대표인 신지호도 한 일간지에서 "일본을 저항적 민족주의의 대상으로 삼는 것은 시대착오적 조류로 개탄

한다"(「조선일보」, 2005.8.19)고 말했는데 이것 또한 무책임하고 나이브하게 들린다. 일본이 과거사에 대해 반성을 하지도 않는데, 한국인의 저력과 역동성을 운운해가며 과거사 청산 해법으로 탈식민주의를 제시하는 것은 문제가 있다. 마치 그가 역사 망각증에 걸린 것 같다. 그가 제시하는 '쿨 코리아' '다이내믹 코리아' 등의 구호는 단지 낙관적 전망일 뿐이다. 한 민족이 겪은 심리적 상흔은 결코 쉽게 사라지지 않는다.

탈식민주의는 저항담론이며 실천담론이다. 따라서 어렵고 난해한 용어와 이론을 운운하는 것은 지적 유희요 공허한 포즈이다. 탈식민주의 연구를 통해 타자를 이해하는 것, 자신의 삶과 인식을 변화시키는 것, 그리고 불평등한 세상을 바꾸는 것이 가능해야 한다. 탈식민주의 이론이 세상 읽기의 유효한 방식이 되고, 현실 참여의 영역과 맞물려 있어야 의미가 있다. 반성과 토론만 하다가 투쟁이나 실천이 뒷전으로 밀려나게 되면 진보는 위기에 처한다.

미국의 패권주의에 맞선 저항

김동춘은 『미국의 엔진, 전쟁과 시장』(2004)에서 미국의 실체를 자국의 이득추구로 규정한다. 이런 맥락에서 그는 무기를 수출하고 전쟁과 학살을 서슴지 않는 미국을 일종의 '파시즘 제국'으로 정의한다. 그런데 미국은 스스로를 '세계질서의 수호자'로 자처한다. 특히 네오콘(Neo-conservatives)으로 불리는 신보수주의자들은 인류의 자유와 정의 수호 및 발전을 위해 자신들의 도덕성과 책임을 강조한다. 이들은 이라크 전쟁을 '성전'으로 간주하고, 폭정에 시달리는 이라크 국민들을 '해방'하기 위한 것이라고 주장한다. 이런 논리(혹은 궤변)에 포섭을 당하는 순진한 사람들도 상당수에 달한다.

미국의 실체는 무엇인가. 미국이 내세우는 명분과 저지른 실제상황은 일치하지 않는다. 미국 행정부는 이런 위선을 들춰내는 촘스키를 자신의 최우선적인 적(Enemy No.1)으로 여긴다. 미국의 이라크 전쟁은 중동지역의 석유확보와 패권주의 확립을 위한 것이다. 그런데도 미국은 이라크 전쟁이 이라크에 민주주의 정부를 수립하고 이라크 국민들을 압제에서 해방시키기 위한 것이라고 주장한다. 인권을 강조한다는 미국이 쿠바 관타나모 수용소에 수감된 이라크 포로들을 감금하고 학대하는 모순은 무엇을 말해주는가. 헤게모니를 잡기 위해 거짓말을 하고, 국제법을 어기고, 인권을 유린하며, 무차별 무력을 사용한다는 점에서 미국은 '불량국가(the rogue state)'이다.

제국주의란 헤게모니 쟁탈전이다. 그람시에 따르면, 헤게모니란 지배계급이 이득을 영속화시키기 위해 '동의에 의한 지배' 방식을 이용한다. 한국군의 이라크 파병은 한국정부의 자발적 결정, 즉 동의에 의한 것이다. 비록 미국의 눈에 보이지 않는 '강압'에 의한 것이라 할지라도, 형식상으로는 한국의 자발적 참여다. 왜 한국정부는 이라크 전쟁에 참여하는가. 많은 사람들이 국익을 위해서 어쩔 수 없는 일이라고 생각한다. 이들은 우리가 미국의 요청을 거부할 경우, 미국이 한국을 저버리거나 보복할 것이라는 두려움을 떨쳐버리지 못한다. 하지만 이런 두려움을 극복하고, 미국의 요구에 당당하게 '아니오'라고 말하고 실천하는 것이 진정 탈식민화에 다가가는 길이다.

비판적·실천적 삶

지배권력의 오만과 독선과 횡포를 비판할 수 있는 용기가 요구된다. 영미권에서 동시대의 대표적인 비판적·실천적 지성인으로 평가를 받아온 사람은 아마도 촘스키와 사이드일 것이다. 사이드에 따르면 비판적 지성인이란 정부 혹은 기업들에 의해 쉽게 흡수 고용되지 않는 위엄을 지녀야 하고, 권력과 자본과 미디어의 유혹에 빠져들지 않는 사람이어야 한다.

촘스키 역시 생존해 있는 대표적인 비판적 지성인들 중 한 사람이다. 언어학자이지만 사회평론가로서 활동을 해오고 있다. 언어학이든 정치학이든 어떤 분야에서든지 그는 지배와 결속의 작동방식에 주목한다. 그의 언어학 저서인 『지배 결속 이론*Government and Binding Theory*』의 제목은 정치학 저서를 연상케 한다. 촘스키는 미국 행정부가 저지른 전쟁이 초래한 인명살상과 피해를 조목조목 따져가면서 위선을 고발해왔다. 최근에는 부시 대통령의 이라크 전쟁을 반대하는 광고를 9천 명의 사람들과 함께 「뉴욕 타임즈」에 게재했다. 제목은 "우리의 이름으로는 아니야*Not in Our Name*"였다. 촘스키를 포함한 이들 서명자들은 이라크 전쟁이 탐욕과 무관용을 드러내는 것이기에 자신들은 이라크 전쟁을 지지할 수 없다는 일종의 양심고백을 했다. 맨 마지막 문장이 인상적이다. "우리가 지금 단호하게 행동하지 않는다면 훗날 역사가 우릴 엄하게 판단할 것으로 우리는 믿는다."

2005년 노벨문학상을 받은 영국인 극작가 헤롤드 핀터도 억압과 저항을 몸소 실천해온 사람이다. 한 예로 그는 "이라크 침공은 국제법 개념을 완전히 모독하는 강도짓이자 뻔뻔스런 국가의 테러"로 강도 높게 비판하면서 "미국의 힘에 저항하라"고 주문한다. 진실을 말하는 그의 용기가 돋보인다.

영국의 전직 외무장관이었던 로빈 쿡도 이라크 전쟁에 반대한다는 이유로 사임하는 소신을 보여주었다. 2003년 3월 미국과 영국의 주도에 의한 이라크 침공 전날 하원에서 행한 연설에서 그는 노동당 하원대표직을 사임하면서 "국제적 합의나 국내적 지지가 없는 전쟁을 지지할 수 없다."고 연설했다. 한국의 정치인들 중 이라크 전쟁에 한국군 파병 반대를 이유로 사임한 장관이나 국회의원은 단 한 명도 없었다. 신식민주의의 자장권에서 벗어나기 위해서 우리가 갖추어야 할 요소는 순응이 아닌 저항이요, 강요된 타율성이 아닌 자율성이다.

조직, 연대, 저항

미국의 패권주의, 자본주의, 문화 제국주의에 어떻게 맞설 것인가. 전 지구적 연대와 결속의 네트워크 형성 및 조직화된 '자율주의'가 유효한 전략으로 떠오른다. 이탈리아 출신의 안토니오 네그리는 관료성과 획일성을 배제하고 자율적 연대와 결속을 강조하는 '아우또노미아'를 주창했다. 이 자율주의가 신식민주의에 맞설 수 있는 유효한 전략으로 떠오르고 있으나, 이 운동의 운명은 자율성에 기초한 대규모 조직화의 여부에 달려 있다.

물론 디지털 시대 인터넷과 휴대폰을 이용한 정보의 공유를 통해 여론 형성 및 새로운 정치적 공간의 탄생이 가능하다. 한국의 경우를 보면 노무현 대통령 탄핵 결정에 무효운동, 본 프레레 한국축구 감독 사임 요구, 미군 탱크에 압사를 당한 여중생들 추모 촛불집회, 광우병 위험이 있는 미국산 쇠고기 수입 반대 촛불집회 등은 네티즌들의 자율적 참여로 이루어졌다. 관심의 공유와 개개인의 참여와 실천이 국내외적으로 압력의 힘으로 커질 때 거대권력과 일방주의에 대한 감시와 견제가 가능해진다.

타자를 배려하는 윤리학

2005년은 해방 60년을 맞이한 해였다. 그동안 우리는 얼마나 탈바꿈을 했나. 다시 묻자. 우리는 얼마나 탈식민화를 이루었나. 격동의 한국의 현대사는 우리가 그간 얼마나 숨 가쁘게 살아왔는지를 말해준다. 일제의 식민지배, 해방, 6.25 전쟁, 독재, 근대화와 개발, 민주주의와 시장경제 정착, 탈권위주의와 지역균형 발전 그리고 신식민화의 침투와 작동 등은 한국 현대사를 수놓는 키워드들이다. 좀 더 단순화시켜보면, 한국은 일제의 식민지배, 독재주의, 그리고 신식민주의라는 3중의 고통을 받고 있다. 해방 후 60년이 지났지만 식민잔재의 청산은 여전히 미흡하다. 이제 친일파 명단 공개가 일부 이루어졌고 '진실·화해를 위한 과거사정리위원회'가 2005년 12월 1일 출범했다.

이런 현실을 감안할 때 저항성과 역동성을 바탕으로 한 민족주의는 여전히 유효하다. 저항은 패권주의, 자본주의, 제국주의에 맞설 수 있는 가장 강력한 힘이다. 민족주의에 토대를 둔 저항이 없다면 예속, 불평등, 비인간화는 더욱 심화될 것이다. 지배자의 입장에서도 타자(약자)를 이해하고 존중하는 윤리학을 정립하는 것이 요청된다. 수전 손탁이 『타인의 고통』(2003)에서 주장하듯이, 타인의 고통을 단지 이미지와 스펙터클(볼거리)로 소비하는 것이 아니라, 이를 두 눈으로 응시하고 부조리한 현실에 개입하려는 자세가 요구된다.

2005년 제86주년 3·1절 기념식에서 노무현 대통령은 "(일본은) 진심으로 사과하고, 배상할 일이 있으면 배상하고, 그리고 화해해야 한다. 그것이 전 세계가 하고 있는 과거사 청산의 보편적 방식이다"라고 말했다. 한일과거사 문제를 외교적·법적 쟁점으로 삼지는 않겠지만, 여전히 일본에게 윤리적 책임이 있음을 상기시켰다.

비난의 화살이 종주국을 향해야 하는 것은 당연한 일이다. 그런데 한국의 지식인들 중에는 우리 탓으로 돌리는 사람들도 있다. 일본의 지식인들 중에는 자신들의 탓으로 여기는 '자학적 역사관'을 벗어나자고 주장하는 사람들이 있다. 가해자와 피해자가 분명한데도 역사 왜곡은 그치질 않는다.

역사 왜곡이 계속되고 과거사에 대한 일본의 반성이 없는한, 한일 관계는 냉랭할 수밖에 없다. 독도 영유권 논쟁, 역사교과서 내용 왜곡, 고이즈미 총리의 야스쿠니 신사 참배 등의 문제가 양국의 우호협력 관계에 커다란 걸림돌이 된다. 교착상태에 처한 한일관계를 푸는 것은 결코 쉬운 문제가 아니다. 진보의 추동력은 뭘까. 갈등과 투쟁도 하나의 방법이나, 지배자(계급, 인종, 국가 등을 포함한)의 기득권 포기, 양보, 타협 및 포용이 진보를 위해 간단하고 빠른 방법이 아닐까.

맺는 말

식민주의는 지배에 대한 순응을 요구하며 저항을 단죄한다. 신식민주의는 교묘한 형태로 식민주의를 연장하고 지속시키려 한다. 탈식민주의는 저항, 해방, 독립을 지향한다. 식민화, 예속화, 노예화는 참을 수 없는 굴욕이며, 상처와 고통을 주고, 심각한 후유증을 낳는다. 주권의 박탈, 정신의 식민지화, 열등의식의 내재화는 절망과 넋두리로 이어진다. 체념이 저항을 압도하고, 한(恨)이 역동성을 잠재우면, 빼앗긴 들에는 절대로 봄이 오지 않는다.

    탈식민주의 관점에서 한국의 역사, 문학 및 문화를 비판적으로 조망하는 것은 대단히 의미 있는 일이다. 탈식민주의는 강대국 혹은 지배권력의 본질을 조명하고 주권과 자율성을 지키는 데 꼭 필요한 실천담론이요, 해방, 독립, 평등, 정의를 추구하는 미래 지향적 프로젝트이다. 탈식민주의는 비유적으로 말해서 신자유주의와 신제국주의라는 바이러스 퇴치를 위한 백신인 셈이다.

참고문헌

고부응, 『초민족 시대의 민족 정체성 -식민주의·탈식민 이론·민족』, 문학과지성사, 2002.

나이폴, 김영희 옮김, 『거인의 도시』, 강, 1997.

네그리·하트, 『제국』, 이학사, 2001.

맥클라우드, 박종성 외 옮김, 『탈식민주의 길잡이』, 한울 아카데미, 2003.

바트 무어-길버트, 이경원 옮김, 『탈식민주의! 저항에서 유희로』, 한길사, 2001.

박종성, 「한국에서 영어의 수용과 전개, 1883~2002」, 『안과 밖』 12호 (2002년 상반기), pp.49-65.

박지향, 『제국주의 신화와 현실』, 서울대출판부, 2000.

프란츠 파농, 이석호 옮김, 『검은 피부, 하얀 가면』, 인간사랑, 1998.

송승철, 「탈식민주의 비평: 비판과 포섭 사이에서」, 『안과 밖』 12호(2002년 상반기), pp.88-105.

수전 손탁, 『타인의 고통』, 이후, 2003.

양운덕, 『미셸 푸코』, 살림, 2004.

응구기와 씨옹고, 이석호 옮김, 『탈식민주의와 아프리카문학』, 인간사랑, 1999.

에드워드 사이드, 성일권 옮김, 『도전받는 오리엔탈리즘』, 김영사, 2001.

_____ 전신욱·서봉섭 옮김, 『권력과 지성인』, 도서출판窓, 1996.

이경원, 「아체베와 응구기: 영어제국주의와 탈식민저항」, 『안과 밖』 12호(2002년 상반기), pp.66-85.

이석호, 『아프리카 탈식민주의 문화론과 근대성』, 동인, 2001.

조정환, 『아우또노미아』, 갈무리, 2003.

콘라드, 이상옥 옮김, 『암흑의 핵심』, 민음사, 1998.

Ashcroft, Bill and Gareth Griffiths and Helen Tiffin, eds., *Key Concepts in Post-Colonial Studies*, Routledge, 1998.

_____, *The Post-colonial Studies Reader*, Routledge, 1995.

Bhabha, Homi., *The Location of Culture*, Routledge, 1995.

Hall, Stuart, ed., *Representation: Cultural Representations and Signifying Practices*, The Open University Press, 1997.

Hardt, Michael & Antonio Negri, *Empire*, Harvard University Press, 2000.

JanMohamed, Abdul R., "The Economy of Manichean Allegory: The Function of Racial Difference in Colonial Literature," *Race, Writing, and Difference*, ed., Henry Louis Gates, Jr., The University of Chicago Press, 1985.

McLeod, John, *Beginning Postcolonialism*, Manchester Univ. Press, 2000.

Ngugi wa Thiong'o., *Decolonising the Mind: The Politics of Language in African Literature*, James Currey, 1986.

Rushdie, Salman., "Imaginary Homelands", *Imaginary Homelands: Essays and Criticism 1981~1991*, Granta Books Ltd., 1992.

Said, Edward., *Orientalism*, Harmondsworth: Peregrine Books, 1985.

_____, *Culture and Imperialism.* Chatto & Windus, 1993.

Spivak, Gayatri Chakravorty., *A Critique of Postcolonial Reason: Toward a History of the Vanishing Present,* Harvard U.P., 1999.

_____, "Woman in Difference: Mahasweta Devi's 'Douloti the Bountiful.'", *Cultural Critique* 14(Winter 1989~1990), pp.105-128.

큰글자 살림지식총서 066

탈식민주의에 대한 성찰 푸코, 파농, 사이드, 바바, 스피박

펴낸날	초판 1쇄 2013년 4월 12일
	초판 2쇄 2014년 9월 19일

지은이	박종성
펴낸이	심만수
펴낸곳	(주)살림출판사
출판등록	1989년 11월 1일 제9-210호

주소	경기도 파주시 광인사길 30
전화	031-955-1350 팩스 031-624-1356
기획·편집	031-955-4671
홈페이지	http://www.sallimbooks.com
이메일	book@sallimbooks.com

ISBN	978-89-522-2403-3 04080

※ 이 책은 큰 글자가 읽기 편한 독자들을 위해
  글자 크기 15포인트, 4×6배판으로 제작되었습니다.